《周易》的科学理念

商宏宽 ● 著

海天出版社（中国·深圳）

图书在版编目（CIP）数据

《周易》的科学理念 / 商宏宽著． — 深圳：海天
出版社，2016.12
　（自然国学丛书）
　ISBN 978-7-5507-1693-3

　Ⅰ．①周… Ⅱ．①商… Ⅲ．①《周易》—研究 Ⅳ.
①B221.5
　中国版本图书馆CIP数据核字 (2016) 第159631号

《周易》的科学理念
Zhouyi De Kexue Linian

出 品 人　聂雄前
出版策划　尹昌龙
丛书主编　孙关龙　宋正海　刘长林
责任编辑　秦　海
责任技编　蔡梅琴
封面设计　风生水起

出版发行　海天出版社
地　　址　深圳市彩田南路海天大厦 (518033)
网　　址　www.htph.com.cn
订购电话　0755－83460293 (批发)　83460397 (邮购)
设计制作　深圳市同舟设计制作有限公司　Tel：0755－83618288
印　　刷　深圳市新联美术印刷有限公司
版　　次　2016年12月第1版
印　　次　2016年12月第1次
开　　本　787mm×1092mm　1/16
印　　张　16
字　　数　221千
定　　价　38.00元

总 序

　　21世纪初，国内外出现了新一轮传统文化热。人们以从未有过的热情对待中国传统文化，出现了前所未有的国学热。世界各国也以从未有过的热情学习和研究中国传统文化，联合国设立孔子奖，各国雨后春笋般地设立孔子学院或大学中文系。显然，人们开始用新的眼光重新审视中国传统文化，认识到中国传统文化是中华民族之根，是中华民族振兴、腾飞的基础。面对近几百年以来没有过的文化热，这就要求我们加强对传统文化的研究，并从新的高度挖掘和认识中国传统文化。我们这套《自然国学》丛书就是在这样的背景下应运而生的。

　　自然国学是我们在国家社会科学基金项目"中国传统文化在当代科技前沿探索中如何发挥重要作用的理论研究"中提出的新研究方向。在我们组织的、坚持20余年约1000次的"天地生人学术讲座"中，有大量涉及这一课题的报告和讨论。自然国学是指国学中的科学技术及其自然观、科学观、技术观，是国学的重要组成部分。长久以来由于缺乏系统研究，以致社会上不知道国学中有自然国学这一回事；不少学者甚至提出"中国古代没有科学"的论断，认为中国人自古以来缺乏创新精神。然而，事实完全不是这样的：中国古代不但有科学，而且曾经长时期地居于世界前列，至少有甲骨文记载的商周以来至17世纪上半叶的中国古代科学技术一直居于世界前列；在公元3世纪至15世纪，中国科学技术则是独步世界，占据世界领先地位达千余年；中国古人富有创新精神，据统计，在公元前6世纪至公元1500年的2000多年中，中国的技术、工艺发明成果约占全世界的54%；现存的古代科学技术知识文献数量，也超过世界任何一个国家。因此，自然国学研究应是21世纪中国传统文化一个重要的新的研究方向。对它的深入研究，不仅能从新的角

1

度、新的高度认识和弘扬中国传统文化，使中国传统文化获得新的生命力，而且能从新的角度、新的高度认识和弘扬中国传统科学技术，有助于当前的科技创新，有助于走富有中国特色的科学技术现代化之路。

本套丛书是中国第一套自然国学研究丛书。其任务是：开辟自然国学研究方向；以全新角度挖掘和弘扬中国传统文化，使中国传统文化获得新的生命力；以全新角度介绍和挖掘中国古代科学技术知识，为当代科技创新和科学技术现代化提供一系列新的思维、新的"基因"。它是"一套普及型的学术研究专著"，要求"把物化在中国传统科技中的中国传统文化挖掘出来，把散落在中国传统文化中的中国传统科技整理出来"。这套丛书的特点：一是"新"，即"观念新、角度新、内容新"，要求每本书有所创新，能成一家之言；二是学术性与普及性相结合，既强调每本书"是各位专家长期学术研究的成果"，学术上要富有个性，又强调语言上要简明、生动，使普通读者爱读；三是"科技味"与"文化味"相结合，强调"紧紧围绕中国传统科技与中国传统文化交互相融"这个纲要进行写作，要求科技器物类选题着重从中国传统文化的角度进行解读，观念理论类选题注重从中国传统科技的角度进行释解。

由于是第一套《自然国学》丛书，加上我们学识不够，本套丛书肯定会存在这样或那样的不足，乃至出现这样或那样的差错。我们衷心地希望能听到批评、指教之声，形成争鸣、研讨之风。

《自然国学》丛书主编

2011年10月

目 录

前　言

　　《周易》乃我国古代经典名著，群经之首。历代研究著述浩如烟海，有名可稽者逾万，有版本存留者亦超过4000多卷。易学研究之长河纵贯华夏历史七八千年之久，至今仍绵延不绝，生机盎然，真乃是世界文化史上的奇迹。

　　《周易》是本什么书，历来说法甚多，莫衷一是。有人认为是审时度势，谈治国方略的济世牧民之书；有人认为是从远古洪荒时代延续到春秋战国时期的历史之书；有人认为是上测天灾，下测人祸，预知吉凶祸福的卜筮之书；有人认为是探察自然的奥秘，格物致知的科学之书；有人认为是寻觅认知途径，追索世界本源和道统的哲学之书……这些说法都有一定的道理，却很难概括其全貌。《周易》具天下至精、至变、至神之理，方能开物成务，冒天下之道。

　　之所以众说纷纭，除了《周易》本身内容恢弘、包罗万象之外，还因为其形成过程十分悠远，经历了伏羲以前的结绳记事时期，伏羲及其以后刻画符号及口头传说的三皇（伏羲、神农、黄帝）五帝（少昊、颛顼、帝喾、唐尧、虞舜）时期，有文字记载的夏、商、周时期，更经过了百家争鸣的春秋战国的大变革时期，历时长达5000多年。历经了众多古圣先贤，从不同角度，从不同境域，以不同倾向，作不同选择而对《周易》进行塑造。因此，《周易》既存有远古、中古、近古的遗留信息，又保存了先哲实践经验与深邃的理念，凝聚了中华民族的智慧，是在华夏沃土中萌生成长的文化奇葩，是中华文明之源。

　　《周易》内容涵盖天道、地道、人道诸多方面。本书把古老的《易经》与科学连在一起，这是一个值得关注的课题。因为，正是《周易》与科学自然而然的联系，才是易学生生不息、亘古常新的根本原因。远古先民经过成千上万年的生存经验的积累，逐渐形成一系列的理念，诸如观天法地、道法自然的观念；顺天时，借地宜，求人和的天人合一观念；"天地之大德曰生"的重生宜生观念；世间万事万物一对一待，互有感应、互有关联的对待流行观念；制器尚象、取象比类观念等。这些观念都直接或间接对人们认识自然、改造自然，并在进行社会生产与科学技术实践中有指导和启迪作用。所以《周易》与科学的联系是源远流长，息息相关的。古人将这些观念，以图像、符号、数字、语言、文字记录下来，传给后人，就是今天看到的易学典籍。最早要算伏羲画的八卦，之后有人追记三皇时期的古《三坟》，继之以夏代的《连山》、商殷的《归藏》、周文王和周公旦的《易经》，也叫做《周易》。而后孔子及其弟子，也许还有其他各家学者对《周易》进行的诠释、论述、发挥，而写成《彖传》（上、下）《象传》（上、下）《文言传》《系辞传》（上、下）《说卦传》《序卦传》《杂卦传》共称"十翼"。这样，《周易》就包括《易经》和《易传》（十翼）两部分。

本书共分四部分，第一部分谈《易经》形成过程中科学技术知识的积累与认知的进步，主要以伏羲画卦，古《三坟》、夏易《连山》与商易《归藏》到《周易》的形成为主线，谈易学理念与社会发展、科技进步的密切关系；第二部分谈《易经》经文中所折射出的周代社会生产、生活中的科技水平，以及在科学哲学理念上的进步；第三部分《易传》的科学理念识辨，谈《易传》科学理念的形成及其对我国传统思想的影响；第四部分概括地谈《周易》的符号系统的基本特征，易象思维表达的特点。

近来许多易著谈及《周易》与科学的广泛联系，诸如易算与广义量化理论，《周易》与二进制的研究和考证，哲理数学及易学与逻辑学的研究，易学与混沌学及高能物理的关系，元素周期及遗传密码的研究，八卦宇宙论及现代天文学的研究等等，这些无疑是对科学易研究的进步，并开拓了现代易学的广阔前景。本书在这方面则涉猎较少，而侧重于科学理念的历史形成过程及对当今研究工作的启发与影响。因为从易学发展历史的角度，探讨易象思维体系的形成及其特色，对弘扬中国传统文化，开拓东方思维特点，并能结合实际应用，可能更具有现实意义。

此书写作之际，得到孙关龙编审、刘长林研究员、宋正海研究员的指导与帮助，以及"天地生人学术讲座"的同仁们的鼓励与支持，在此一并表示谢意。由于对《周易》史料掌握不足，笔者认知水平较低，可能会有理解谬误和取裁失当之处，切望读者给予批评指正。

第一章

《易经》形成过程中
人们的认知活动

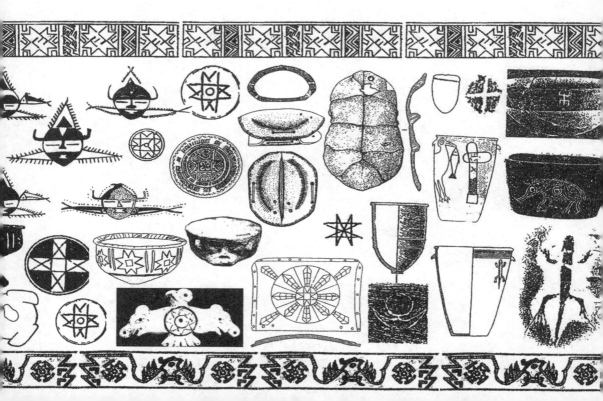

"翻开我国古代文明史，诸子先哲、文史巨匠、科学精英，灿若繁星，而汇聚于易学的历代学者，犹如密集悠长横亘天际的银河。"[①]这就是我国文明史的真实存在。笔者曾多次提及，在社会发展史及科学发展史探索的基础上研究《周易》才是最佳方案。[②]研究《易经》不仅仅要研究它的经文、符号系统所涵盖的思想内容，还应该将其放在社会历史发展的时空中，来考察其认知活动，才能更加显现其存在价值和历史的必然性。为此，我们将追溯远古先民的足迹，了解他们在洪荒时代的奋斗过程，以及走向文明的蹒跚步伐。

一、从"易"字说起

郭雍曾说："夏易曰《连山》，商易曰《归藏》，而不名曰夏、商易者，时尚无'易'之名也。"自《易经》诞生以来，"易"之名始倡，凡与之有关的文献都冠之以"易"，如古《三坟》称之为《三坟易》，夏之《连山》称之为《连山易》，商之《归藏》称之为《归藏易》。这些文献所涉及的理念，称之为"易理"，所谈的学问，称之为"易学"，涉及的万象称为"易象"，涉及的数称为"易数"，涉及的图称为"易图"。"易"已经成为一个特指专门词。

"易"字出现甚早，甲骨文中就有多次出现，在金石古籀文中亦有。图1所选辑者，只是部分有代表性的。

---

① 商宏宽，易学与科学源远流长，《实践与思索的轨迹——商宏宽论文选集》（242页），地震出版社，2000.
② 李树菁遗著，商宏宽整理，《周易象数通论——从科学角度的开拓》（49页），光明日报出版社，2004.

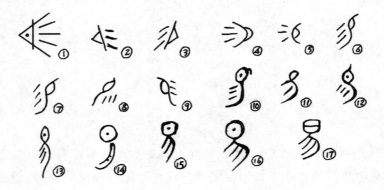

图1　甲骨文、古籀文中的"易"字选录

①～③为甲骨文（资料来源于殷墟博物院及李圃著《甲骨文文字学》，学林出版社，1995）；④继彝 积古；⑤召公尊 古文审；⑥宰辟父敦 啸堂；⑦克鼎 拓本；⑧大鼎筠清；⑨公姒敦 古籀补；⑩都遣敦 积古；⑪伯其父簋 积古；⑫毛公鼎 拓本；⑬齐侯镈 啸堂；⑭日月为易；⑮老子；⑯汉简；⑰说文解字篆韵谱（《金石大字典》卷十五，天津古籍书店影印，1986年第二版。）

图1中之①很可能是甲骨文"易"字原初的本型，②③则是刻画时的便写体。而金石文④还保留有原初体①的样貌，而⑤～⑨则是金石文的便写体，可能是从②③演化而来。

现在分析"易"字原初甲骨文本型""代表什么意思。为此，我们先分析"卦"字。"卦"字是由"圭""卜"构成。"圭"为土圭，《周礼·地官司徒·大司徒》中有"以土圭之法测土深，正日景（影），以求地中"的说法。而"卜"就是测日影所竖立的竿（也叫做"表"）和表竿的影的象形字，这就是立竿见影，是最古老的测日方法。而用圭表测日影可定一年四季。冬至日影最长，夏至日影最短，而春分、秋分日影适中。把这个结果绘于图上（图2），就是甲骨文原初"易"字的本型。所以"卦"字起源于立竿见影的测日活动，而"易"字则是对测日影变化的形象化表达，以此了解时变。故"易"有随时而变化的意思。"易"与"卦"都和远古人类的天文测量活动有密切关系。

图1之⑩～⑫，"易"字又演化成了飞鸟的形状，这与人们对太阳观测又有新的发现有关。其一，中华民族是最早发现太阳黑子的民族。《淮南子·精神训》中说："日中有踆乌。"人们怎能看到太阳中的黑子呢？有人曾认为

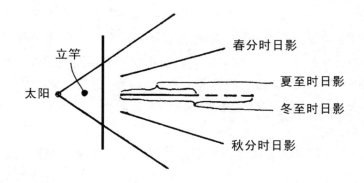

图2 一年四季测日影示意图，就是"易"字原型

中国北方在沙尘暴时，太阳变暗能见到黑子[1]。在《易经》丰卦中有"日中见斗""日中见沫"的记载[2]。总之，人们管太阳黑子称为"金乌"。其二，远古先民出于对太阳的崇拜，而对太阳中的"金乌"也倍加尊崇，就出现了鸟的图腾，并把"金乌"放到表竿上面，成为鸟形的冠形装饰并有四鸟环飞图（图3）。其三，太阳初升时，最敏感的是鸟类，如金鸡报晓、群雀闹晨之类，以迎接朝阳。总之，从测太阳影子变化，进而发现太阳黑子称为"金乌"，构成对鸟的崇拜，所以"易"字常写成飞鸟形状。

图1之⑬"易"字又写成蜥蜴的形状。《说文解字》中有："易，蜥蜴，蝘蜓，守宫也，象形。"[3]"易"与"蜴"古通用，蜥蜴俗称"变色龙"，它可以随环境之变化而改变颜色，故也寓意有变易之意。

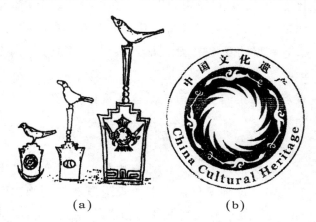

（a） （b）

图3 有关太阳鸟的图腾

（a）良渚文化玉器上刻画的小鸟图腾柱；
（b）被定为"中国文化遗产标志"的四川省金沙遗址的四鸟环飞图

---

[1] 杨伟国，从信息思维看古天文对华夏思维的影响，天地生人学术讲座第156讲，1997年10月15日.
[2] 徐振韬、蒋窈窕，日占源流和丰卦太阳黑子记事，《周易与自然科学研究》，中州古籍出版社，1995.
[3] ［汉］许慎撰，《说文解字》，中华书局，1963.

图1之⑭"易"字又写成象形的日与月，《说文解字》中有："秘书说：日月为易，象阴阳也。"[①]《周易大传·系辞下》有："日往则月来，月往则日来，日月相推而明生焉。寒往则暑来，暑往则寒来，寒暑相推而岁成焉。"这里就有日月相推、寒暑相推的往复变化的寓意。日为太阳，为阳的代表；月为太阴，为阴的代表。日月相推就是阴阳消长的变化，正如《庄子》所说："《易》以道阴阳。"

图1之⑯"易"字又写成"日"下之"勿"，《说文解字》又说："一日从勿[②]。"太阳普照之下，万物生焉，"勿"与"物"通。万物的生长变化都在其中了。故而，"易"又演为"赐"字之意，即有上天奖赏之意。许多金石文中"易"实为"赐"，后来才演化为"𧰼""𧳶"。

综上所述，"易"字有如下寓意值得重视：其一，"易"起源于立竿见影的观测天象的活动，是远古先民认知自然过程中，发现太阳四季活动的变化。其二，"易"代表古人对"鸟"的崇拜，"金乌负日"，中华民族是首先发现太阳黑子的民族。其三，"易"象征着日月相推、阴阳消长的周期性变化，"《易》以道阴阳"，使观天象活动上升了一个层次。其四，"易"有变化之意，又将能随环境变化而改变其颜色的动物，名之为"蜴"，这就将天象引到物象的变化中来。其五，"易"乃日照之下，一切生物变化的根本，"天地之大德曰生"。"生"包含着有生命之"勿"（物）受胎、生产、成长、衰老、死亡的全过程，循自然规律（天道）而变化。第六，"易"字从天道循环的变化，又衍生了社会上的意义，变为"代天行赏"（天赐），转意为"赐"。

中国的《易经》，西方曾翻译为"变化之学"，这是较准确的，但应附加一句，这种变化是本着"天道自然"的规律而变化的，与自然和谐而变化的。变而能达到与周围环境相适应，这就叫做"唯变所适"。观天象、地象、气象、物象，而知阴阳消长，而知节律，而知变化，这也是《易经》的根本理念。

---

① ［汉］许慎撰，《说文解字》，中华书局，1963.
② 李学勤主编，《中国古代文明与国家形成研究》（186页），云南人民出版社，1997.

二、伏羲画八卦的传说

关于伏羲氏的史料甚多，散见于各种典籍之中，但都以传说和神话形式出现，并非信史，更无准确年代可考。正如150年前赫胥黎讲过的那样："古代的传说，如用现代严密的科学方法去检验，大都像梦一样平凡地消逝了。但是奇怪的是，这种像梦一样的传说，往往是一个半醒半睡的梦，预示着真实。"[1] 从各种史料提供的线索看，伏羲氏在中华文明发展过程中的贡献及地位，却是真实的、值得重视的。因为它反映了原始先民在认识自然、学习自然、建立社会秩序、发展生产能力的进步过程中，所走过的途径。

1．伏羲氏活动的地理背景及民族融合

伏羲，又称宓牺、庖牺，风姓。因被后人称为天皇，又称皇牺、太皞氏（太昊）。

> 大迹出雷泽，华胥履之，生宓牺。
>
> ——《太平御览》卷七十八，引《诗含神雾》

> 华胥履迹，怪生皇牺。
>
> ——《太平御览》卷七十八，《孝经·钩命诀》

> 太昊之母居于华胥之渚，履巨人迹，意有所动，虹且绕之，因而始娠，生帝于成纪。
>
> ——《竹书纪年》

> 帝女游于华胥之渊，感地而孕，十三年生庖牺。
>
> ——《路史·后记一》

以上几条说明，伏羲之母为华胥氏，在雷泽遇到奇怪的大脚印，其母见之好奇，踏迹而行，感而受孕，乃生伏羲于成纪。那么，华胥、雷泽、成纪在什么地方，就值得深究了。

华胥氏的地望

> 华胥氏之国在弇州之西，台州之北。不知斯齐国几千万里，盖非舟车足力之所及，神游而已。其国无帅长，自然而已。其民无嗜

---

① 李学勤主编，《中国古代文明与国家形成研究》（186页），云南人民出版社，1997.

欲，自然而已。不知乐生，不知恶死，故无夭殇。不知亲己，不知疏物，故无爱憎。不知背逆，不知向顺，故无利害。都无所爱惜，都无所畏忌，入水不溺，入火不热，斫挞无伤痛，指擿无痟痒。乘空如履实，寝虚若处床，云雾不硋其视，雷霆不乱其听，美恶不滑其心，山谷不踬其步，神行而已。

——《列子·黄帝篇》

看来，华胥是传说中在西北遥远的地方，其民无忧无虑，无嗜好，无欲望，无等级差别，过着自然而然的生活。这里的人们入水、蹈火、履山、乘风皆自如，乃神仙般的理想国度。伏羲之母就是这个部族的女子，称之为华胥氏。华胥是不是和华族（或称华夏族）有关，或者是在华族的西部，故称之为"华胥（西）"，尚有待证实。这个氏族活动于渭水流域，在仰韶文化时期，曾以庙底沟的彩陶文化而闻名。

成纪之地望

成纪，在今天水市的秦安一带，这就是伏羲的出生之地。据《天水志》载："成纪之北，约三十里，曰三阳川。其西北隅有台焉，羲皇画卦处也。""三阳云者，朝阳启明，其台光莹，太阳中天，其台宣朗，夕阳返照，其台腾射。"这里就是伏羲画八卦的卦台山是也。[①] 在这里有比仰韶文化还要早的大地湾文化，包含五个文化期，延续达3000年。出土有三足钵为特点的陶器，以及迄今为止的最古老的彩陶。[②]

关于雷泽

关于雷泽，古有二说：其一，是在山西西南的永济南，由雷首山发源之雷水汇此地而成泽，故得名，并南流入黄河。相传舜曾于此而渔。其二，是在今菏泽东北，因有雷夏泽而得名。从华胥氏族在渭水流域，生伏羲又在甘肃东部的成纪（秦安）来看，雷泽当在晋西南的永济，在地望上更为接近。

关于彩陶文化的争论

说起彩陶，西方学者看到仰韶文化的彩陶，就联想到欧洲的彩陶，提出

---

① 黄国卿，对天水卦台山伏羲画卦传说的新思考，《周易研究》第二期（12页），1999.
② 徐海亮、轩辕彦，《走近黄河文明》（28～32页），中国人文出版社，2008.

"诺亚子孙"东行，将彩陶文化经土耳其传到中国，这就是所谓的中国文化西来说。这可是一个严肃问题，彩陶文化是伏羲家乡的文化，伏羲是中华民族的人文初祖之一，如果连彩陶文化都是西方传来的，中华文化不也成了舶来品了吗！？据考古学揭示，世界上出现最早的彩陶文化有两处：一处是美索不达米亚北部的哈逊纳文化，这里的彩陶"或红色，以乳白色衬底；或白色，以红色衬底（公元前6000年中叶）"①。一处是中国天水市秦安大地湾一期彩陶文化。两者都距今8000年左右，比欧洲的彩陶出现的年代要古老很多②。对于庙底沟的彩陶文化，苏秉琦说："庙底沟类型遗存的分布中心是在华山附近，这正和传说华族（或称华夏族）发生及其最初形成的阶段的活动和分布情形相像。庙底沟类型的主要特征之一的花卉图案彩陶，可能就是华族得名的由来，华山则可能由华族最初所居之地而得名。这种花卉图案是土生土长的，在一切原始文化中是独一无二的，华族及其文化也无疑是土生土长的。"③中国文化西来说是没有根据的。

兴盛于陈

> 伏羲生成纪，徙治陈仓，仇夷山四面绝立，太昊之治也。
>
> ——《遁甲开山图》

> 陈，太昊之墟也。
>
> ——《左传·昭公十年》

这两条史料说伏羲生于甘肃天水的成纪（秦安一带），之后迁徙到陈仓，并在陈地兴盛壮大，"为百王之首，都淮阳"，治理得很好，四夷实服。《录异记》卷八载："陈州为太昊之墟，东关城内有伏羲女娲庙，庙东南隅有八卦坛。""陈州有太昊祠，在州西北三里陵上。"④等等。

关于女娲氏

女娲氏更是一个神仙般的人物，传说她曾抟黄土造人，并且炼五色石补天，她与伏羲是夫妻关系，对人类的贡献很大，常与伏羲并称。摘如下几条有

---

① [法]费尔南·布罗代尔著，蒋明炜等译，《地中海考古——史前史和古代史》（39页），社会科学文献出版社，2005.
② 徐海亮、轩辕彦，《走近黄河文明》（28～32页），中国人文出版社，2008.
③ 郑杰祥，中原仰韶文化发掘和研究概述，《中华第一龙》（235页），中州古籍出版社，2000.
④ 张维华、张方、李爱民，濮阳西水坡M45号墓与伏羲，《中华第一龙》（246～248页），中州古籍出版社，2000.

关史料可见一斑。

> 往古之时，四极废，九州裂，天不兼覆，地不周载，火爁炎而不灭，水浩洋而不息，猛兽食颛民，鸷鸟攫老弱。于是女娲炼五色石以补苍天，断鳌足以立四极，杀黑龙以济冀州，积芦灰以止淫水。
>
> ——《淮南子·览冥训》

> 伏羲、女娲不设法度，而以至德遗于后世。何则？至虚无纯一，而不喋苛事也。
>
> ——《淮南子·览冥训》

> 共工与颛顼争为天子，不胜，怒而触不周之山，使天柱折，地维绝。女娲销炼五色石以补苍天，断鳌足以立四极。
>
> ——《论衡·谈天》

女娲氏也是一个氏族部落，有人认为和伏羲氏族部落有姻亲关系。从女娲传说地域来看，这个部族可能活动于甘、陕、晋、豫、冀一带，是当时影响很大的望族。

古羌族的文化遗痕

伏羲氏族始居西北之地，与古羌族有密切关系，据考证，伏羲之"羲"与西王母之"西"，羲和之"羲"，巫觋之"觋"，发音十分相近。这个"羲"（xi）音词，在古羌语中代表有知识有地位的词，至今凉山彝族的奴隶主称西波，女奴隶主称西摩，仍留存有古羌族的遗韵。"伏"又写成"虙"，《说文解字》曰："虎貌从虍，必声。""伏""虙"古通用。因此，伏羲氏族又有虎图腾崇拜的痕迹。至今羌族、彝族、纳西族、白族、土家族等西南少数民族文化中，都有虎崇拜的传统。[①]

雷泽为雷神栖居之地，雷神亦龙形，故伏羲也与龙有血缘关系。汉代曾有伏羲、女娲像，均为人首蛇身。伏羲迁徙到中原之后，"有龙瑞，以龙纪官，号曰龙师"，更以龙为图腾。

与伏羲氏族有密切关系的氏族，有华胥氏、女娲氏、古羌族等，这是一个较庞大的氏族集团。伏羲氏迁徙到中原与以龙为图腾的氏族、以鸟为图腾的

---

① 段邦宁，伏羲与龙虎文化考——论濮阳西水坡遗址中的龙和虎，《中华第一龙》（254～259页），中州古籍出版社，2000.

东夷族融合在一起，形成了更为庞大的氏族集团，龙、虎、凤的图腾也成为华夏文化的象征了。伏羲时代，初步实现了华夏民族第一次的融合过程（图4）。这个过程除了氏族集团武力强大之外，还有氏族集团的生产力先进，文化程度高，领导集团管理水平、德行、功绩、威望出众。在当时伏羲氏族集团就具备了这个条件。下面就谈谈他的功绩、贡献与成就。

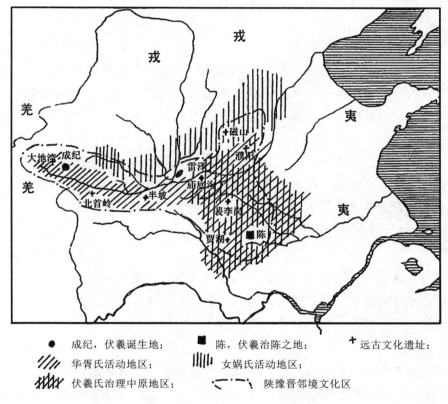

● 成纪，伏羲诞生地；　　■ 陈，伏羲治陈之地；　　✝ 远古文化遗址；
///// 华胥氏活动地区；　　|||| 女娲氏活动地区；
▧▧ 伏羲氏治理中原地区；　　⌒⌒ 陕豫晋邻境文化区

图4 伏羲时代形势示意图

（地理底图用许倬云先生的《西周史》衬封底的图绘制）

2．伏羲作八卦

伏羲氏作八卦的史料很多，但常以传说形式出现，这是因为当时无文字作载体，多为口头传颂所造成，不能作为信史证据。但这些史料所谈的内容及其思想却是真实可信的。下面摘其部分并加以分析。

11

太皞庖羲氏，风姓，代燧人氏继天而王。母曰华胥，履大人迹于雷泽，而生庖羲于成纪。蛇身人首，有圣德。仰则观象于天，俯则观法于地，旁观鸟兽之文，与地之宜，近取诸身，远取诸物，始画八卦，以通神明之德，以类万物之情。造书契以代结绳之政，于是始制嫁娶，以俪皮为礼。结网罟以教佃、渔，故曰宓羲氏。养牺牲以充庖厨，故曰庖羲。有龙瑞，以龙纪官，号曰龙师。作三十五弦之瑟。

——《史记·补三皇本纪》

方上古之时，人民无别，群物无殊，未有衣食器用之利。于是伏羲乃仰观象于天，俯观法于地，中观万物之宜，始作八卦，以通神明之德，以类万物之情。

——《易·乾凿度》

古之时未有三纲六纪，民人但知其母，不知其父，能覆前而不能覆后，卧之诎诎，行之吁吁，饥即求食，饱即弃余，茹毛饮血而衣皮革。于是伏羲仰观象于天，俯察法于地，因夫妇，正五行，始定人道，画八卦以治天下。天下伏而化之，故谓之伏羲也。

——《白虎通德论》

古者包牺氏之王天下也，仰则观象于天，俯则观法于地，观鸟兽之文与地之宜，近取诸身，远取诸物，于是始作八卦，以通神明之德，以类万物之情。

——《周易·系辞下》

伏羲画八卦是一件大事，首先他亲自经过仰观、俯察、远取、近取，体验世间万象百态，对自然界有深刻的认识和感悟，并总结了前人的经验。伏羲画八卦有两种传说，一种是"伏羲十言之教"传说，一种是"四子襄天"的传说。

"伏羲十言之教"传说

此传说在《易传》中有所披露：说伏羲仰观天文，俯察地理，观鸟兽之文与地之宜，感悟出天覆地载的上下两极，认为天是纯阳，地是纯阴，从而建构了以阴阳为基础的宇宙模型。并以"本乎天者亲上，本乎地者亲下，则各从其类也"（《周易·乾·文言》）为原则，以阴阳多少和排列为顺序，给出了乾（天）、巽（风）、离（火）、艮（山）、兑（泽）、坎（水）、震（地震、雷电）、坤（地）八种人类生活环境要素。当时尚无文字，只能用简单的图形和符号表示，称之为"八卦"，并且用"消""息"来描述八种环境要素的幽明、涨落变化，来指导人们的生产与生活，称为"伏羲的十言之教"。

"四子襄天"传说

此传说流传甚广，在《尧典》中就有羲仲、羲叔、和仲、和叔四子襄天，观测日月运行而定四时的记载；于濮阳西水坡出土的新石器时期的古墓葬中，有四童子陪葬，其埋藏的方位严格按照春分、秋分、冬至、夏至方位，说明四子襄天的传说历史十分悠久。

在长沙子弹库出土的战国《楚帛书》有云：

> 曰故大熊雹戏，出自□霆，居于瞿□，厥田鱼鱼□□□女。梦梦墨墨，亡章弼弼，□每水□，风雨是于（越）。乃取(娶)戱遄揸子之子曰女皇，是生子四□。是襄天，是各参化……未有日月，四神相弋（代），乃步以为岁，是惟四时。

——《楚帛书·创世》

"这段文章的大意是，自古在伏羲氏时代，天地混沌无形，幽明难辨，其后伏羲娶女皇氏（即女娲），生下四子，他们继承伏羲之职，常管天道。"[1]伏羲命四子赴四极以襄天，并以四神观日月，步天成岁而定四时。逐步形成了四时八节（二分二至四立）而成八卦。并以四时配四面，以八节配八方，则构成时空一体的八角星形图形（见后文）。

这两种传说虽然不同，却有密切关联，都是建立在对自然广泛观察的基础上的抽象概括和总结，都是试图建立一个宇宙的时空模型，都对当时的生产与生活有指导意义。在伏羲画八卦的过程中，以下几点，尤应引起重视：

其一，伏羲是在洪荒的条件下，进行探索，教育众人。是在"人民无别，群物无殊，未有衣食器用之利"的条件下；是在"未有三纲六纪，民人但知其母，不知其父……茹毛饮血而衣皮革"的条件下，生活条件十分恶劣。

其二，王天下是始创八卦的目的。古代汉字"王"很有深意，三横分别

---

[1] 冯时，古代天文与古史传说——河南濮阳西水坡45号墓的综合研究，《中华第一龙》（191页），中州古籍出版社，2000.

代表天、人、地三才之道，一竖纵贯三横代表能知天时、能促人和、能借地宜者，才能管理好氏族、国家和天下。因此伏羲取法自然而作八卦，以了解自然万物的情状与规律，其目的是为了"王天下"，而不是为了卜筮。

其三，以自然万象为观察的起点。仰观天象，俯察地象，中观万物之象，以自然为师，效法自然，学习自然，从对自然的实践中找出规律，总结经验，是中国传统文化中最基本的理念——道法自然。

其四，伏羲悟出自然万象是一个相互间有联系的整体。天象定时而知春夏秋冬、昼夜寒暑；世间万物应候而生、长、成、衰、死；人作相合于天时、地利而事半功倍，可指导生产，指导干事。"作八卦，以通神明之德，以类万物之情"，天人合一的有机自然观思想由此而发端。故而，"天下法则咸服贡献"，"画八卦以治天下"，"画八卦，别八节，而化天下"，成为划时代之创举。

3. 伏羲的其他功绩

伏羲的历史功绩很多，画八卦实际上是在理论上给民众以指导。关于八卦的具体内容，阴阳爻的配置、变化、寓意乃至数理、卦象的分析，后文有专节论述。除此之外，其功绩尚有社会管理和发明创造两个方面。

社会管理

其一，作八卦造甲历，别八节，定诸纪。作八卦在社会管理上的意义，是通过观天测天，而定下一岁的二至二分四立的八节，并依此而确定岁、至、分等祭祀时间，举行典礼。使部落联盟——酋邦的社会活动有统一的安排和规定，使社会管理有章法。观天度地乃是一个庞大工程，确实需要一批精干人才力量来完成造甲历的工作，从而也锻炼了社会组织能力。

其二，组织一个管理集团。伏羲氏选定淮阳一带，融合了许多氏族部落，其势力到达整个中原。氏族联合集团的事务庞杂，社会的分工细化，故而形成了管理集团，并"以龙纪官，曰龙师"。

> 太皞氏以龙纪，故为龙师而龙名。
>
> ——《左传·昭公十七年》

> 太昊命朱襄为飞龙氏，造书契；昊英为潜龙氏，造甲历；大庭为居龙氏，造屋庐；浑沌为降龙氏，驱民害；阴康为土龙氏，治

田里；渠陞为水龙氏，繁滋草木，疏导泉流。又立五官：春官为青龙氏，又曰苍龙；夏官为赤龙氏；秋官为白龙氏；冬官为黑龙氏；中官为黄龙氏。是为龙师而龙名。

——见《竹书纪年》笺按引《通鉴外纪》

这里已经具有专管造书契的、造甲历的、造屋庐的、驱民害的、治田里的、导流泉的官员并且有四时祭祀，按时行政之官员。值得注意的是四时五官与颜色搭配起来，这与后来的"五色土"及象征"四象"的"四兽"都有了萌生的端倪。

其三，造书契以代替结绳记事。这里所说的书契是指什么，在考古学中尚未见到。但已经有简单符号及象形的图画及有象征意义的图形，有些刻在石头上，有些刻画在陶片上，有些符号与后来的甲骨文十分接近。总之，这种符号有人称之为"陶文"，是比结绳记事要进步多了，是文字形成的萌芽，是向正式书契的过渡（图5）。

其四，婚姻制度变革。社会从"只知其母，不知其父"，而达到因夫妇，有嫁娶，是一个质的变化。标志着社会生产力从采集→渔猎→农牧生产的变化，标志着男性社会为主体的家庭氏族血缘关系延续继承的开始。嫁娶制度有礼品，说明婚姻关系初步已经有契约、有仪式、有社会的认可，开始了婚姻组成的正规化。同姓、同族不通婚，就避免了近亲结婚造成后代遗传缺陷的弊病，为生育质量的提高、民族的繁荣打下了基础。

发明创造提高生产力方面

"工欲善其事，必先利其器。"故而，发明创造有利于民用之器，是提高社会生产能力，改善人们的生活质量的重要手段。伏羲及其管理集团在这方面有突出贡献。实际上，也是远古先民经过百万年的石器时代所积累的智慧的大突破。

其一，结网罟，以佃以渔。《周易·系辞下》有云："作结绳而为网罟，以佃以渔，盖取诸离。"《抱朴子》有云："太昊师蜘蛛而结网。"都说伏羲通过卦象（离）与自然之象（蜘蛛网）而尚象以制其器。先民早就有结绳记事的习惯，伏羲受离卦中空的启发，受蜘蛛结网捕捉昆虫的启发而将结绳互连成网，是顺理成章的事情。然而结网捕鱼使渔业效率提高，设网罟捕兽，使佃猎效率提高，则是社会的一大进步。

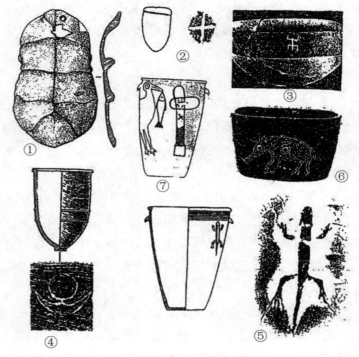

图5 远古刻画符号举例

①河南舞阳贾湖出土的龟腹甲上刻有"目字"（距今7800～8600年）；

②贾湖遗址出土的陶坠端面刻有"十"字（当是现在的"甲"字）；

③陕西临潼姜寨仰韶文化遗址出土陶钵刻有"木"字（距今约6500年）；

④山东莒县陵阳河大汶口文化遗址出土陶缸上刻有"🜨"字（距今5000～6000年）；

⑤河南汝州洪山庙仰韶文化遗址出土陶缸上塑有"蜥蜴"象形字；

⑥距今约7000年的浙江余姚河姆渡文化遗址出土陶钵有"猪"象形字；

⑦河南临汝闫村仰韶文化遗址出土陶缸上彩绘有"鹳石斧图"。

（资料来源：蔡运章，中国文字起源与远古刻画符号，2001，天地生人学术讲座第441讲）

其二，制杵臼以济万民。桓子《新论》有云："宓牺制杵臼，万民以济。"杵臼是新石器的象征性的器物，因为它的出现，表明农业已经有相当规模和水平。

其三，伏羲作布。《皇经要览》有云："太古太昊伏羲氏化蚕桑为锦帛。"《路史·后记一》引《白氏六帖》有"伏羲作布"的记载。在河北的仰韶文化（光社文化）曾出土陶制纺轮，在湖南长沙博物馆曾见到大溪文化的陶制、石制的纺轮，在屈家岭文化中也有类似的文物。说明纺织在中国出现很早，可能在距今6000～7000年。这也说明人们很早就摆脱了"衣皮苇"，而达到饰布衣的程度，衣饰往往表示礼仪与文明程度。

其四，制瑟。《史记·补三皇本纪》曾说："（伏牺）作三十五弦之瑟。"远古先民制作乐器，最早可追溯到距今8500年前裴李岗文化遗址出土的骨笛。古人制乐器，一方面是娱乐，更重要的是礼仪需要，祭祀神祇时奏乐以示庄重，以通神灵。宗教信仰以及祭祀礼仪的出现，也是人类文明的一大进步。

其五，造屋庐。伏羲专命居龙氏造屋庐，以安民居。这说明当时由于渔猎生产能力提高，农业、牧业有一定规模，人们从游牧的居无定所状况，逐渐向定居状况转化。同时社会结构也有了相应的改变，聚居的村落乃至城镇都由此发端。

其六，养牺牲以充庖厨。这是将狩猎所得的小动物，圈养在家，变成家畜，以备日用。最早的家养牲畜为鸡、猪、羊、犬、牛、马等，进一步发展成为大批生产的一种行业——畜牧业。

4．中华民族的第一次融合及易学之滥觞

伏羲以前的时代是"人民无别，群物无殊，未有衣食器用之利"，"未有三纲六纪，民人但知其母，不知其父，能覆前而不能覆后，卧之法法，行之吁吁，饥即求食，饱即弃余，茹毛饮血而衣皮苇"。处于蛮荒的时代。

伏羲氏起于陇东，继而渭水，最后到达陈仓而影响中原，并盛载着诸多氏族的文明形成中华民族第一次融合，龙、虎、凤图腾文化得以形成。伏羲氏之所以能实现这种民族融合，是因为他所在氏族集团的强大，也是因为伏羲本人的品德高尚，"有圣德""至纯厚"，"以至德遗于后世……至虚无纯一，而不喋苟事"。故而"天下法则咸服贡献"，"因夫妇，正五行，始定人道，画八卦以治天下，天下伏而化之"。

桓公问于管子曰：轻重安施？管子对曰：自理国虑戏以来，未有不以轻重而能成其王者也。公曰：何谓？管子对曰：虑戏作，造六峜以迎阴阳，作九九之数以合天道，而天下化之。

——《管子·轻重戊篇》

伏羲不拘泥小事，高瞻远瞩。他知轻重，抓根本而合天道；画八卦，作甲历，定四时；正五行，因夫妇，明人道；结网罟，兴渔猎；养牺牲，充庖厨；建屋庐，始定居，使社会生产规模、社会文化生活、社会组织结构都发生了质的变化，这是划时代的进步。伏羲使华夏民族走出洪荒时代，踏上文明之路，作为人文初祖当之无愧。

伏羲观天法地作八卦，是"道法自然"实践之始；上顺天时，下适地宜，中促人和，是"天人合一"理念之始；伏羲"十言之教"是治国教育之始；作甲历、造琴瑟、结网罟是远古制器尚象之始；订婚嫁，别阴阳，明上下，是社会秩序建立之始；同时又是事物阴阳对待、象数转换之始。所以，伏羲时代是易学萌生的摇篮，是易学长河的源头。

追索远古历史的考古研究，发现了伏羲时代及其以后的文明，证实了伏羲时代先人走过的足迹。下面让我们看看伏羲时代原始易学发展的痕迹。

三、考古发现对原始易学的佐证

1. 踏着伏羲的足迹

陕豫晋邻境文化区 [①]

上节谈到的华胥氏、伏羲氏、女娲氏活动区，是在陇东－渭水流域－晋南－豫西－豫中－豫北－豫西南一带，考古学称之为"陕豫晋邻境文化区"（参见图4），这个文化区在距今5500～9000年之间，曾发现了秦安大地湾一期文化遗存（可能相当于伏羲出生之地）、陕西老官台和李家村遗址（可能相当于华胥氏活动区）、冀南磁山文化遗址（可能相当于女娲氏活动区），以及舞阳的贾湖文化遗址、新郑的裴李岗文化遗址（可能相当于伏羲治陈仓活动区）等，这样一系列仰韶文化之前的文化遗存（距今7000～9000年）。

①苏秉琦，关于考古学文化的区系类型问题，《文物》，1981. No.5；安金槐，对河南境内仰韶文化浅见，《中原文物》，1986年特刊.

之后就是仰韶文化时期（距今5000～7000年），主要有北首岭类型、半坡类型、庙底沟类型，这是仰韶文化的中心区。向东又有洛阳的王湾类型、郑州的大河村类型、豫西的下王岗类型、晋南的西王村类型、豫北的后岗类型和大司空类型。西支则有大地湾二层文化类型，并成为中原远古文化的主流，影响颇为深远，向南影响到屈家岭文化及大溪文化，向东影响到大汶口文化、河姆渡文化，向西影响到甘肃的马家窑文化。同时给以后的龙山文化打下了坚实的基础，成为中华文化的奠基文化层。

大地湾遗址的最早年代距今8000年，是迄今世界最早的彩陶文化发祥地之一。值得重视的是在彩陶上发现了十几种彩绘符号，有些与后来半坡陶器上的刻画符号相近，却比半坡符号早得多。专家认为，这些符号可能是中国文字的雏形。

在舞阳贾湖的墓葬中有龟甲，龟甲上还刻有文字符号（图5之①）[1]，并有背甲、腹甲扣合完整的龟壳，龟壳中装有数量不等的小石子，显然是作占卜之用。还发现有水稻遗物，这可能是较早的水稻栽培记录，尽管水稻还不是当地的主要口粮。还出土有用飞禽腿骨制成的骨笛，可奏出七声音阶。在龟甲、石器、骨器、陶器上刻画了许多类文字符号。在葬者的重要部位陪葬有珍贵的绿松石饰物。与此类似，在新郑裴李岗亦有绿松石饰物，有的绿松石上还有直径不足1毫米的小孔。还见到炭化粟、枣及核桃壳，还发现有鸡蛋大小的陶制猪头、羊头。[2]

在距今8000年的磁山文化遗存中，有穴藏粟粮十几万斤（据统计估算达13.82万斤）[3]，说明当时的农业生产已具相当规模，并有石斧、石铲、石磨、渔猎工具等，有半地穴式民居，还有家畜、家禽的骨骼。有推算历数、记事的筹码——陶丸，有用于祭祀的用品——陶制的太阳、月亮、祖形器等，有测日影的圭盘、占卜用的蓍草等工具，还在陶片上发现了四面八方的星状符号"✳"[4]。

综上所述，古老的遗存中有如下几点值得关注：

①蔡运章，远古刻画符号与中国文字起源，《中原文物》，2004. No.4.
②徐海亮、轩辕彦，《走近黄河文明》（25～27页），中国人文出版社，2008.
③佟伟华，磁山遗址的原始农业遗存及其相关问题，《农业考古》1984，第一期。此资料转引自李学勤主编《中国古代文明与国家形成研究》（17页），云南人民出版社，1997.
④张天玉，八千年磁山文化 易文化在这里雏形，第二届世纪《周易》论坛论文汇编，2005.

其一，农牧渔业的发展。粟储存达十几万斤之规模，还发现稻的栽培记录，农业是将野生的植物有目的地培养成为庄稼，对这些庄稼的发芽、生长、收割各个阶段所需要的气候条件、土壤墒情、雨水多少等十分注意，特别需要掌握"农时"。牧业是将野生的动物圈为家养，对这些动物的习性，喜欢吃什么，什么时候交配生育，也需要掌握时间。这里有两个非常重要的环节，就是"观象"和"历法"。"观象"，是观察动植物之象、气象之象、天象之象；"历法"，是根据气象、物象、天象来定四季八节。这是原始易学理念滋生的重要土壤，所以有人说《周易》的内容是建立在观象和历法的基础上的[①]。

其二是类文字符号的出现。无论是大地湾彩陶上的刻画符号，还是贾湖出土文物中刻在甲骨、石器、陶器上的符号，都映射了远古时代从结绳记事过渡到符号记事的时代，是书契的雏形。说明人们已经想通过更形象的符号表达较复杂事物的愿望和尝试。

其三，祭祀用品的出现。祭祀是对祖先、神祇乃至图腾信仰的祭拜活动，其中就用许多祭品（如陶制日、月、猪头、羊头、祖形器），就有礼仪、音乐仪式等文化活动的雏形，是人类社会活动的萌芽。

其四，卜筮工具的出现。这个时期，人们对"龟"这种动物崇拜，这为后来的"神龟负图"，以及"龟卜"，乃至甲骨文的发生发展都有重要意义。占卜行为是远古人类的一个进步，是人们开始摆脱自然力的控制，想把握自然规律，试图对复杂的现象给予合理的解释。这里有一种积极探索的精神[②]。

其五，出现了神秘的"八角星形"符号，并且以后普及到古代各个不同的文化区系之中，对此我们还要专节讨论。

月亮盈亏的表示

仰韶文化族群之中，有以鱼为图腾的氏族，主要分布在西安的半坡、临潼的姜寨、宝鸡的北首岭、陕县的庙底沟一带。其最典型的是"人面鱼纹"图案。这种"寓人于鱼"鱼人融为一体的图案可能是这一族群的族徽。有这些图案的器具可能是"神器"，是在祭祀时使用的。

图腾是常与天象崇拜密切联系的。现将几种有代表性的"人面鱼纹"图案展示在图6，发现它们是对月相变化的描述。"人面鱼纹"一般都是双目紧

---

①陆思贤、李迪，《天文考古通论》（17页），上海古籍出版社，2006.
②吾淳，《古代中国科学范型》（104～105页），中华书局，2002.

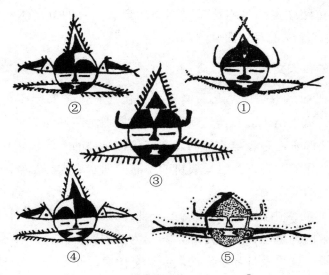

图6　人面鱼纹图案月相图[①]

闭，可能表示月亮不能自行发光。图6之①的"崇山冠"呈"Ｘ"形，这是远古人的"五"或"午"字，其意为交午，也就是由右手五变为左手五，有周期变换之意，是新周期的开始，是月亮又重新诞生了。周代金文当中也称之为"生魄"或"生霸"。图案的细眉表示新月之形象。图6之②额头两分，左侧黑，右侧作半圆形空白，示意为上弦月。图6之③在额头中间露白，示意为皓月当空，为望月。图6之④额头为右侧黑，左侧作半圆露白，示意为下弦月。图6之⑤无冠、无芒刺，额部全部涂黑，周边无芒刺而画成虚点，表示月魄已死，为朔。半坡氏族的古人就是用这种方式表示月亮的盈亏变化，从新月生→望→死，一年共有十二个月的诞生和死亡。

表1　人面鱼纹图案与金文一月四分之术

人面鱼纹图案	月　相	对应日期	对应时段	月相四分术
图6之①	新月(生魄)	初二日	二～八日	哉生霸
图6之②	上弦月	初八日		既生霸
图6之③	望月	十五日	八～十五日	哉死霸(既望)
图6之④	下弦月	二十三日	十五～二十三日	既死霸
图6之⑤	朔月	三十日	二十三日～三十日	

①陆思贤、李迪，《天文考古通论》（68～70页），上海古籍出版社，2006.

"人面鱼纹图案的月相符号，同周代金文一月四分之术对照一下（见表1）可知，周代金文的月相四分法起源甚早。"①

西水坡的古天文图示

仰韶文化的另一个中心是后岗类型文化遗存，主要分布在豫北地区，距今约6500年。这里出土的石器、陶器以及房屋遗址与仰韶文化多有联系，并因其在仰韶文化的东北边缘与北部的北辛文化、东部的大汶口文化等有较多的交往，更具有文化的融合性。这里要讲的是濮阳西水坡大型墓葬遗址所提示的、迄今为止最古的天文图。

大墓从北向南由四部分组成，第一部分是主墓，以黄土衬底，葬坑为南圆北方形，中间为墓主，头南足北，其左为蚌塑的青龙，其右为蚌塑的白虎，其北有用两根小腿骨及蚌壳堆塑的北斗。墓中有三童陪葬，分别在青龙外侧、白虎外侧及北斗外侧，构成一个以墓主人为中心的、有北斗和龙虎护卫及三童子殉葬的特意安排的墓葬格局，被称为M45号墓。南去20米，则是另一组蚌塑图示：以草灰衬底，其上堆塑有龙虎鹿凤及蜘蛛等形象，龙虎鹿凤团聚在一起，而蜘蛛挤在东隅，在其前方有磨制精细的石斧。再向南25米，为第三组大型蚌壳堆塑图，也是草灰衬底，上面堆塑有奔腾的虎、飞翔的龙。龙身上还坐着一个人，这个人好像回盼离去之地。整个画面灵动，给人以乘龙飞天之感。再向南20米则是另一个葬墓（M31号），葬的是一个少年，头朝南，而其小腿骨已经没有了。这两根腿骨与M45号墓作北斗用的腿骨正相合，则将M31号墓与M45号墓联系在一起，这个少年也是M45号墓主人的殉葬者。M45号及M31号墓皆以黄土衬底，而中间两个蚌塑图则以青灰衬底，给人有天玄、地黄之寓意。这四部分长达百多米的大型墓葬工程，严格按子午线等间距排列，构成一个寓意深刻、内容完整，并将天文知识、人文理念、宗教形制融为一个整体，其气势之恢弘令人震撼。

对于这个仰韶文化古墓葬已经有相当深入的研究，这里想简略地介绍如下几方面推论②。

首先，主墓葬的形制非常讲究，是根据盖天说天圆地方的理念设计的。

---

① 王国维，生霸死霸考，《观堂集林》（6～10页），河北教育出版社，2003年第二版.
② 冯时，天文考古学与上古宇宙观，《龙文化与和谐社会》（91～109页），中州古籍出版社，2009.

盖天说认为太阳在一年十二个中气日（每月中间的那个节气，称为中气日）太阳运行的轨迹画出同心圆的轨迹图称之为"七衡六间图"，其中最有象征意义的有三衡：外衡是冬至日道，中衡（第四衡）为春分、秋分日道，内衡是夏至日道，这些表示太阳运行轨迹的称之为"黄图画"。而以观测者为中心所能看到的视野，称之为"青图画"。青黄叠加部分是白天，其余部分是黑天，夏天夜短昼长，冬天夜长昼短，而春秋分时昼夜等长，如果将"七衡六间图"（概略为三衡图）与墓葬形制叠合在一起时，则十分吻合，只是其北部分改为方形以象征地。（图7）特别是两个殉葬童子的位置恰好是春分、秋分日出、日入的位置，可视为春、秋之神位。而其北侧的殉葬童子恰是冬至的位置，可视为冬神之位。那么夏至的位置在哪里呢？M31号墓葬的童子就是极南的夏至之位置，可视为夏神之位。这殉葬四子，与《尧典》中传说的羲仲、羲叔、和仲、和叔天帝四子，以及《楚帛书》的羲（伏羲）和娲（女娲）所生四子，分管四方与四时有承继关系，说明四子测日这种传说在6500年前就已经有了。

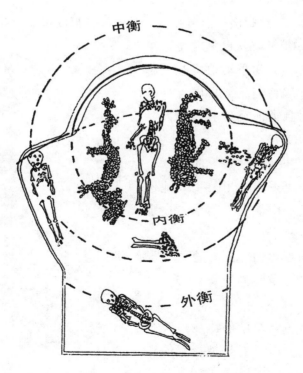

图7　西水坡M45号墓葬及其与盖天理念附合图

而以腿骨和蚌壳堆塑成北斗，这里面可能和远古人测太阳、月亮及北斗等有关。我国最早的天文历算方面的经典是《周髀算经》，"髀"字就是腿骨。过去人们测距，"近取诸身"，以小腿之距离为单位。后来就代表人的身体，测日影就以人体高为准，演化到后来变为"八尺圭表"，立竿见影，并将氏族的图腾符号放在竿头。以腿骨作北斗是远古人测天的一种观念，有象征意义。有北斗、有青龙、有白虎，这就有了最显著的天象。远古时期，北斗的斗星就在离北极很近的位置，人们一般将它作为施辰之重要参照物。而青龙的心宿二，古人称其为"大火"，因其亮度及火的颜色很特别，就将"大火"也作为"辰"。而白虎的参宿有三个星，称为"参"，与"大火"相对，也很特殊，也作为施辰之星。北斗、大火、参三个施辰之星在M45号墓都出现了，说明当时已经有了对天宫的整体认识。

而第二幅蚌塑天宫图，则将青龙、白虎、麋鹿、凤凰四象都涉及了。远古先民对星空中的群星，按方位而分组，并以其形象象征自己崇拜的图腾，组成了"天之四象"。这四象恰恰是古人构想上天的代步工具——天蹻，上蹻曰龙，中蹻曰虎，下蹻曰鹿，而所有这些升天驭兽都以雀鸟为载体。这种原始道教思想，在6500年前就已见端倪。第三幅蚌塑图，就更为生动地将升天思想变为行动，凤鸟翻飞，白虎奔腾，青龙翔天，而且上面还坐着一个人，乘龙升天（图8）。

从墓葬的规模，气势的恢弘，设计的巧妙，可以烘托出墓主人地位的显赫。这是一个能通天贯地，集宗教、王权、神权于一身的人物。从中我们可以看到古代的知识理论与人类文明和宗教信仰是融为一体、密不可分的。

这里既有古天文学的滥觞，又有文明的曙光，还有"君权神授"的观念以及死后灵魂乘龙升天的向往。

第三组蚌图平面图(1/40)

图8　乘龙升天蚌塑图

24

2．神秘的八角星符号

在中国史前文明中，八角星符号的出现给人们留下深刻的印象。河北武安距今8000多年的磁山文化遗存中就曾发现刻有四面八方的星状符号——"✳"。这种八角星纹符号有人认为是太阳纹；有人认为是四鱼相聚，是以鱼为图腾氏族的族徽；李学勤认为它在商周时写作"⊞"字，"⊞"字是巫者用来量度天地四方的工具——两矩交叉的象形[1]；陆思贤、李迪、尚惠民等则认为这可能是最早的八卦符号。这里从几方面探讨如下。

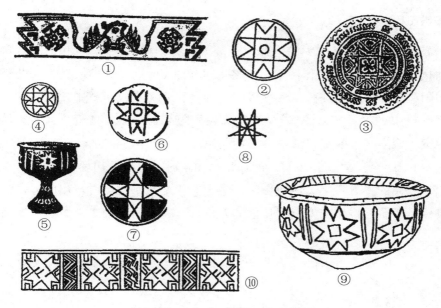

图9 史前八角星图案汇集

① 湖南怀化市洪江高庙文化遗址出土（距今7800年）；

② 江苏武进潘家塘马家浜文化遗址出土（距今6000～7000年）；

③ 湖南安乡县汤家岗出土，陶盘底刻印有八角星图案（距今6400年）；

④⑤ 山东邹城野店村出土（距今4700～6400年）；

⑥ 江苏靖安出土（距今5000～6000年）；

⑦ 青海柳家湾出土（距今4700～5100年）；

⑧ 江苏澄湖良渚文化遗址出土（距今4200～5300年）；

⑨ 江苏邳州大墩子青莲岗文化遗址出土；

⑩ 内蒙古小河沿文化遗址出土（距今4000年）。

---

[1]李学勤主编，《中国古代文明与国家形成研究》（170～172页），云南人民出版社，1997.

八角星符号的扫描

从有关文献中收集到几十种八角星符号，选其中有代表性的汇集成图9。可见八角星符号遗存遍布全国，东达山东、江苏、上海一带，西抵青海、甘肃、四川，南到湖南、江西，北至内蒙古、辽宁，历经了4000到8000年前的磁山—裴李岗文化、大溪文化、仰韶文化、马家窑文化、大汶口文化、青莲岗文化、马家浜—崧泽文化、良渚文化及小河沿文化，贯穿中国史前文明的各个阶段，并且一直延续到有文字记载的历史。

天数五，地数五

八角星符号与图案和太阳崇拜、观测太阳有密切关系，如图9之①八角星纹就与凤鸟组合成一个整体图案，在图9之③的八角星纹周围放射状的芒刺，犹如太阳光芒四射。而在含山凌家滩出土的鸟兽八角星纹玉雕中，既有神鸟负日，又有日中之黑子（见图15），更是代表太阳无疑。由此推论，八角星符号以及图案，应当与古人测日活动有密切关系。

在分析江苏澄湖（图9之⑧）的八角星图案时，可以分出两个"╳"，这就是远古先民的"五"字。测日影时，最重要的是找到夏至时日出的方位和日落的方位，冬至时日出的方位和日落的方位，这就是所谓的"地数五"。而测

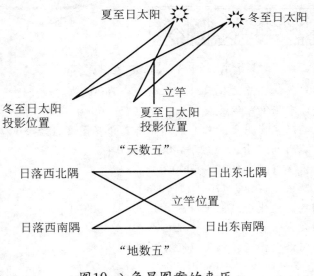

图10 八角星图案的来历

26

日影时，天上的太阳在冬至日偏北而其影最长，在夏至日偏南而其影最短，这样从天到地又可画出一个"▱"（"五"）字，称之为"天数五"。两者结合起来就是"天数五，地数五，五五相得各有合"。这就是八角星图案的来历，与测日活动有密切关系，古人将其符号化，进而演化为早期的文字（图10）。《周髀算经》有云："古者包牺立周天历度。"就是观测天文（太阳、月亮、三辰）而知天时，而定历法。从八角星图案及符号的广泛传播来看，可证明伏羲所遗留下来的文化信息绵延不绝。

伏羲所画的八卦，并非《易经》所画的三爻八卦。《尸子》说："伏牺始画八卦，别八节而化天下。"首先说明八卦是一个图形，其次是这个图形分出了八个节气。《楚帛书》和《尧典》都有羲和四子测天成岁的传说。所以这个八卦一定是一种能表示四时八节的图形——八角星图案就是最原始的八卦图。

猪，陶匏，天一神——太极

八角星是原始的八卦图，那么八卦图的中心点是什么？

从"天数五"和"地数五"表示的八角星图案来看，这个中心点应该是地面上立竿之点。这个地点在远古氏族部落那里代表着氏族的祭典高台，观天的灵台，也是后来代表国家测量天体的"兰台"（据说《连山》这部经典就收藏于此）。而所立的"竿"就是"圭表"，它是氏族图腾信仰的标志，是代表中华民族象征的"华表"的前身。树立"华表"的地方是民族的圣地，而"华表"就是圣物。

从整个天体看，这个八卦图的中心点应该在哪里呢？对北半球的居民来说，就是北极星，就是天一神位，也称太极。古人很早就认识到周天的星辰都围绕着北极旋转，从濮阳西水坡的古天文图就已经有了龙、虎、鹿（龟）、凤诸星宿拱卫太极的认识，所以八角星纹的原始八卦在天上的中心就是太极。

笔者去道教名山青城山考察，见到斗母神像下面牧放七头小猪，甚感好奇。其实将北斗比喻为猪的神话起源甚早，可追至远古时代。大汶口文化的辽宁长海县广鹿岛出土的璇玑（日、月、星辰绕太极旋转，以玉玑象征太极而作祭祀之用的礼器），亦为猪首状；河姆渡文化遗址出土的猪纹陶钵，上海青浦崧泽遗址出土的猪首形陶器都可以作为例证（图11）。

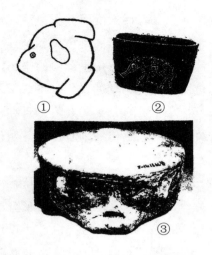

①   ②

③

图11　与斗魁有关的猪形文物
①辽宁长海广鹿岛出土的猪首璇玑；
②河姆渡出土的猪纹陶钵；
③上海青浦崧泽出土的猪首形陶器。

　　以猪为北斗之精灵，说明远古先民已经将野猪驯化为家畜，并且养猪的多少成为其财富的象征。在祭祀礼仪中，猪亦成为主要牺牲。将家猪圈在栏中并拴在桩上，使其只能围着拴桩转圈。这个桩就是北极星，就是"斗母"，这七只小猪就象征北斗七星。这种形象的比喻可以折射出先民畜牧业的进展。这里既有对天上太极（北极）的定标作用，又有人们信仰对猪的崇拜，还有现实生活中猪是财富的象征，更有日常现象的比喻。古代的科学知识就是融汇于先民的实际生活中、人文信仰中和认知的实践之中的。

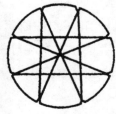

图12　崧泽出土的葫芦形太一神（陶匏）及其底部豁口连线而形成的八角星纹图案

另外，在上海市青浦县崧泽遗址出土一件葫芦形陶瓶（图12）则从另一侧面反映了先民对太极的认识。细胫小头，目光炯炯有神，身为三节呈葫芦形，胸前有一个洞口，或许就是《山海经》上所说的"穿胸国"的人物形象。身体越向下越宽大，重心很低很稳重。闻一多在《伏羲考》中曾认为伏牺又叫"匏牺"，匏即是葫芦。葫芦这种瓜果，在民间常赋予神秘的色彩，先民祭礼中常用葫芦形陶匏，已经发现了很多这类出土文物。《礼记·郊特牲》就有记载：

郊之祭也，迎长日之至也，大报天而主日也。兆于南郊，就阳位也。扫地而祭，于其质也。器用陶匏，以象天地之性也。

这里虽然说的是周朝的祭礼，实际上这种传统早在5500年前就已经存在了。祭礼之器为陶匏，以象天地之性。祭祀的时间就是"迎长日之至"，就是冬至岁终大祭。郊祭的地点，选在南郊以就阳位。祭礼的神祇，是伏羲神，也就是太极之神。而且这个葫芦形陶匏的最下面有八个小的豁口，将其连线之后，就得出"天数五，地数五"的八角星纹图案，寓意伏羲神立于北极点的太极之位俯视天下，给万民授时。北极点就是天穹的中心，这就是中国古天文的重要理念。正如伊世同先生所说："当先人能判别天极（太极），崇拜日月（两仪），明确方位（四象）时，人类文化与文明的曙光，也就从东方冉冉升起了。"[1]

八角星与明堂

八角星纹图案定型并广泛传播之后，就培育成为一种观念，受到先民的尊崇，是一种神圣的吉祥的象征。天穹之中心，也对应世间王权的象征，因此天子居住的地方——明堂也应当效法八角星纹图案进行设计。《周礼·考工记》有"夏后氏世室""殷人重屋"及"周人明堂"建筑设计的记载。《礼记·月令》有天子在不同月份节气居住在太室大庙不同房屋的记载。

王国维先生对此专门作了考证并绘制了"明堂平面图"[2]，天文考古工作者根据《礼记·月令》和八角星纹图案也绘制了一幅宫殿图[3]，两者非常吻合（图13）。

---

①伊世同，顶天立地继往开来，《龙文化与和谐社会》，中州古籍出版社，2009.
②王国维，明堂庙寝通考，《观堂集林》（67页），河北教育出版社，2003年第二版.
③陆思贤，李迪，《天文考古通论》（120页），上海古籍出版社，2006.

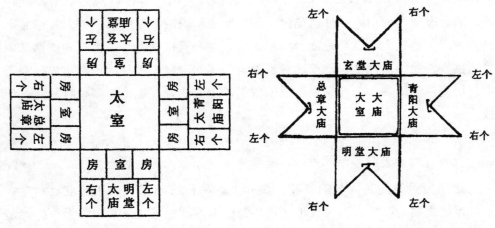

(a) 王国维绘制的明堂平面图　　　　(b)"八角星"宫殿平面图

图13　王国维绘制的明堂图与"八角星"宫殿对比图

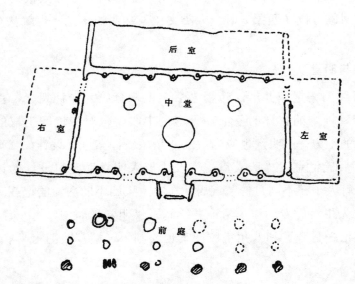

图14　秦安大地湾原始宫殿建筑平面图

这里所说的宫殿设计，绝非纸上谈兵。目前发现最早的宫殿遗址是距今五六千年前的甘肃秦安大地湾原始宫殿遗址（图14）。大地湾原始宫殿遗址，坐落在五营乡邵店村五营河畔的山坳台地上，背山面河，地理位置十分优越。殿基总面积420平方米。主殿略呈横长方形，北墙八柱（实应相当九间）。中堂（主室）五间，有两根顶梁大柱，地面用碳性料浆石铺垫，呈黑色，打磨光亮，至今5000多年亦较少裂纹。宫殿前有人工铺筑的广场和附属建筑，并有三排，每排六个排列整齐的柱础。这样，主殿、左右侧室、后室、殿前的附属建筑，总体呈"亞"字形格局，很有八角星宫殿的神韵。这种八角星形宫殿后来演化成周人明堂以及后世的宫殿，乃至民居的四合院。这种一脉相承的传统，也可以说是八角星纹图案的实际应用吧。

3．八节历和十月太阳历

1987年在安徽含山长岗乡凌家滩发现了距今5300年的大汶口文化遗址，出土玉器千余件。这里仅介绍"金乌负日"玉雕，"十月八节太阳历"玉人，及"神龟贡书"的玉龟及其在易历学中的意义。

"金乌负日"玉雕

前已述及，远古先民立竿测影而知四时八节，并做八角星纹之图（原始八卦图）以表达八节历。亦知鸟类对太阳活动最敏感，常以鸟随气候变化而迁徙的物候现象来定节气。古时人类观察太阳之中有变化莫测的黑影（太阳黑子），人们将黑影想象为"金乌"（不怕火的黑色乌鸦），并有金乌承载着太阳而绕天运行的神话。因此，十月太阳历又称之为鸟历。而将以上一系列认识，艺术地再现出来，就是"金乌负日"的玉雕（图15）。

图15　含山凌家滩的"金乌负日"玉雕

玉雕整体呈双翅张开状，左右两翼又类似猪头形状，以示斗转星移而施时辰。而胸中有一大环一小环，可能代表冬至日行轨迹与夏至日行轨迹，也就是前述的"外衡"与"内衡"。其间描绘有规则的八角星的原始八卦图，以示四时八节。内小环（内衡）中间尚不忘标注一个黑点，代表太阳中的黑子。这既是一个精美的艺术品，又是一个有学术研究价值的文物。

图16 "十月八节太阳历"玉人

"十月八节太阳历"玉人

对十月八节太阳历表现得更为直观的，是现身说法的玉人（图16）。远古人最先是用自己的大腿骨——"髀"，作为标杆，来测日影，故有圭表八尺之说（正常人身高）。正因如此，以玉人现身讲述"十月八节太阳历"，就是非常质朴而直观的教具。

头圆而足方，以示天圆地方；头顶笠形盖天冠，以象征天似盖笠；面呈方正之斗形，表示斗魁四星，主授四时；"近取诸身"，以身为测影之标杆，而双臂上的刻画，以示八节；双手伸开，左手为上半年五个月，右手为下半年五个月，正是一年十个月。

神龟贡书

远古先民很早就对龟这种长寿动物十分崇拜，认为它有灵气，可以通神。甚至将北方的星象，冠以龟蛇共生的玄武神明。在七八千年以前就有龟形祭祀和占卜用具，并在龟板上刻以符号而记事。传说的"河出图，洛出书"，目前尚无具体的文物和准确的文字资料得以证实，但在含山凌家滩却出土了"玉龟贡书"（图17），能体现"神龟贡书"的传说。

龟背甲上凸而拱圆，象征天圆。腹甲平而略呈方形，象征地方。整体是个天圆地方的盖天论的宇宙模型。背甲上有四孔，象征北斗斗魁四星。背甲两侧各有两孔，象征东西周天的龙心大火（心宿二）、虎头参星等施辰之星。而将如此神圣的玉龟放置在墓主人的胸部，犹如人的心机一样，可以通灵[1]，内藏玄机。玉龟背腹之间恰有一块精制雕刻的玉版，正是神龟所贡献的"历书"，这就是十月太阳历和八节历结合在一起的"历法系统"[2]。

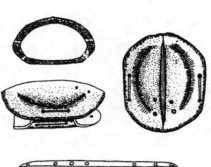

版周有孔，上七下四，左右各五，这是首见于史前的象数历法。上九为天，九九八十一规圆于天，为阳，天的极数为九。二、四为地，地有四季。四九三十六为十月历的一个月的天数。左右各五，表示上、下半年各五个月，合起来为十个月，而将冬至日调测和祭祀节共五天，全年共有三百六十五天。玉版四角有圭状矢纹，表示二至时日出、日落的方位；冬至

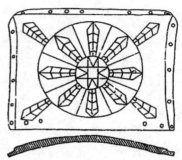

图17 玉龟及玉版（神龟贡书）

日，太阳升起在东南，落山的方位为西南；夏至日，太阳升起在东北，而落山在西北。细看东南角的圭形矢纹与其余三个不同，它独呈五段十节，表示冬至日是过去一年的最后一个月。"原始反终"，又是新的一年的开始，即冬至节日有大规模的祭祀活动（"岁祭"，多出五天），故冬至日的圭状矢纹与众不同。中心的大圆是冬至时的日影线（相当于外衡），小圆是夏至时的日影线（相当于内衡），将大小圆之间的环状区域等分八份，每份中间各画一个圭形矢纹以示八节（冬至、立春、春分、立夏、夏至、立秋、秋分、立冬）。而中心的八角星符号则可以象征：金乌负载而游于天际的太阳，氏族观天的圣地祭台，天穹之中心北极星君之神位。总之，玉龟中的玉版就是远古先民的历书，在当时具有神圣的历法效力。

含山凌家滩出土的这些玉器，说明了远古先民对玉的崇尚，所以把具有天道理念的神圣之物寄寓于玉。这些玉器体现精湛的工艺技巧，寓意深邃，凝聚着古人在没有文字之前，以符号和图形表达复杂事物的智慧和能力。

---

[1]陆思贤、李迪，《天文考古通论》（45页），上海古籍出版社，2006.
[2]尚惠民，《易源探赜》（12～17页），解放军外语音像出版社，2008.

33

4．镂孔象牙梳的分析 ①

1959年在山东泰安大汶口文化M10号墓出土的镂孔象牙梳，距今已有4400～5500年的历史，现藏于中国历史博物馆（图18）。象牙梳中间有十五齿，"日行一度，十五日为一节"（《淮南子·天文训》），正是一个节气的日数，是《易经》所说七日来复的倍数，阴阳反复其道，形成气候变化的准周期，一年之中有二十四个节气，也就是由十五天这种准周期单元构成的。

象牙梳中间的版面刻有醒目的图像，系由15个"☰"类似"乾"卦的符号，组成类似太极图的图像。其中11个"☰"组成"S"形，由4个"☰"分两组分别封住"S"的两个口，形成类似的"ϑ"字的转换循环图，并且在两个空间的中心，分别刻有"⊥""⊤"符号。这个符号在甲骨文中是指示方向的，后来演化为"上""下"两字。上为天，下为地，天地定位，易就行乎其中了。十五个乾，共由四十五个爻组成，相当于45天。45天是八节、八风的一个风气单元。何谓八风呢？

> 何谓八风？距日冬至四十五日条风至，条风至四十五日明庶风
> 至，明庶风至四十五日清明风至，清明风至四十五日景风
> 至四十五日凉风至，凉风至四十五日阊阖风至，阊阖风至四十五日
> 不周风至，不周风至四十五日广莫风至。
>
> ——《淮南子·天文训》

图18 镂孔象牙梳

①彭哲源，《连山易》，"连山易文化"和"大一统思想"丛稿，段长山主编，《归藏易考》（268～280页），中国哲学文化出版社，2002.

此八风为年周期气候运行的记数之数，这八风也就是二分二至四立的八节，又可用八卦代替。

这个类似太极图的两侧各刻有"---"符号，可以认为代表天、人、地，在以后发展为阴爻。而"—"则为天、人、地合和为一，视为大一统，则发展为阳爻。这种符号，可能是阴阳爻符号的肇始。据陈公柔、刘雨的研究，殷周时代的金文中确有以三连表示阴爻，以天道一统表示阳爻的情况，如甗中有䷀，罍中有䷁等卦爻符号[1]。这种符号亦曾被汉代的扬雄在《太玄经》中应用。从这个象牙梳可以看出，卦爻符号在夏代以前就已经萌生，但尚未完备。

象牙梳的另一端有三个镂空的圆孔，这可能是为了拴挂方便而设，但同时也有一定的象征意义和计数功能，如象征天、地、人三才，或者是日、月、星三宝，也未可知。最外端尚有四个豁口，可能在梳头过程中，用之刮痧、刮头皮以及按摩之用，同时也有一定的象征意义和计数功能，如表示天四方、地四方以及与"四"有关的历数的倍数，如八风、八节、二十四节气等。由此可以推知，象牙梳是便于历数计算的计数器，有"万千事物如麻，日中万机须理梳"的深刻涵义。同时也是易学中太极图（有人认为是太极太玄图）及卦爻符号的最初形式，是史前易学文明之滥觞。

5. 远古图形中的数学

远古时代，先民在岩石上、陶器上、石器上、骨器上、龟甲上、象牙上，都刻画出复杂的图形与符号。一方面是审美艺术的追求，一方面是对天地神祇的崇拜，一方面是想通过图形和符号表达某种期望、理念和感情。由对自然观察、模仿，到抽象的概括，再到写意的几何图形，数形转换的符号表达，进而由此形成形声意具备的文字，这是一个复杂的过程，也是易理念的形成过程。下面仅对前述的一些文物在象数转换的表现方面举例说明之。

其一，仰韶文化的遗存陶片中有用锥孔组成的三角形图案，有1点～8点的8层共36点组成的三角形，有1点～9点9层共45点组成的三角形，有1点～10点10层共55点组成的三角形（图19）。三十六数为天罡数，四十五数为洛书数，五十五数为河图数，这些特征数都有"九数重差"的特点。

---

[1]陈公柔、刘雨，殷周金文中的象与数，丘亮辉、徐道一、李树菁、段长山主编，《周易与自然科学研究》（93页），中州古籍出版社，1992.

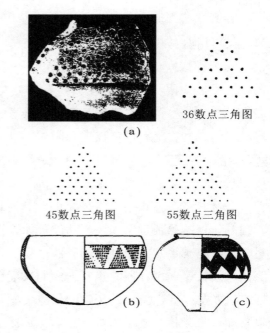

36数点三角图

(a)

45数点三角图　　55数点三角图

图19 仰韶文化遗址陶片上的
　　　锥孔三角形 ①

(a)西安半坡仰韶文化遗址陶片上
　　的36数锥孔三角形；
(b)陕西元君庙仰韶墓地陶钵上的
　　45及55数锥孔锥刺三角形；
(c)元君庙陶罐上的三角形、菱形
　　图案。

(b)　　　　　(c)

　　　　周围三角，分三重，中一重九，次内一重二九一十八，外一重
三九二十七，除中心，凡数五十四。

——［清］李光地《启蒙附论》

　　9+18+27＝54，再加上中心的一点正好是五十五之数；九与十八差九，
十八与二十七差九，则为"九数重差"。

　　3+12+21＝36，三与十二差九，十二与二十一差九，则为"九数重差"。

　　6+15+24＝45，六与十五差九，十五与二十四差九，也是"九数重差"之
规律。

　　仰韶时期在陶片上用锥孔点就是等边三角形的数理内涵，已经显示了远
古先民对数与形的认识的启蒙。

　　其二，仰韶文化遗存的彩陶中的正方形图案（图20），一个大的正方形又
细分为一百个小的正方形。绘图技巧非常精准。绘制正方形就要有矩，等分准
确就要有尺，横竖平行就有方法，这个图形和鱼形纹组合在一起，使人们联想
到渔网，四角还有黑三角的网坠。总之，先民对正方形以及等分、平行的认识
是十分清楚的。

---

①尚惠民，《易源探赜》（96～100页），解放军外语音像出版社，2008.

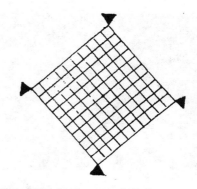

图20 仰韶文化（西安半坡）遗存彩陶中的正方形图案

其三，被广泛传播的八角星纹的绘制更为复杂，如图9之③、图15已经非常标准、规范。这是先民通过测日活动已经认识到光线的直射性质，竿与影长的比例关系，也就是勾股弦的关系。如果绘出准确的八角星纹图案，还要有方圆内接、外接的技巧。第一，画一大圆；第二，画出两个正交的内接正方形，得出等分的八个点；第三，通过此八个点作圆，此圆与大圆同心；第四，用八点作与正方形平行的线得一四方十字图形；第五，将十字端绘成燕尾形状，而成八角星图案（图21）。

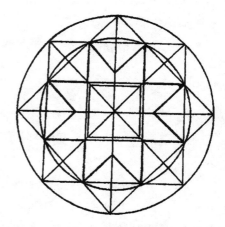

图21 八角星纹图案绘制方法复原图[①]

如此复杂的图案，在6500年前就已经为先民绘出，并且烧制成陶器，刻制成玉器，可知先民在实践过程中所获得的几何学的观念及技术已达到了相当熟练的程度。

其四，通过对星象的观察，以及制陶转盘的应用，纺线过程中纺轮的运动，先民对旋转运动已有相当的认识，对旋转形成的图像十分熟悉，这可以从图3（b）及图22中体会到。这就是图18象牙梳原始太极圈的形成源头。

①陆思贤、李迪，《天文考古通论》（118～119页），上海古籍出版社，2006.

图22 彩陶纺轮（荆门屈家岭文化遗址出土）

由此可知，史前的新石器时代，先民在生产和生活实践中，通过观察探索，在天文、地理、生物、世间万象之中，体悟出理、象、数、形等多方面知识积累，为《易经》的诞生与发展奠定了坚实的基础。

四、扑朔迷离的《三坟》

从伏羲画卦到《易经》形成的过程中，有很长时间是在没有文字的情况下传播的。这期间有传说的三皇时期（取较通用的说法：伏羲为天皇，神农为人皇，黄帝为地皇[①]），五帝时期（少昊、颛顼、帝喾、唐尧、虞舜为五帝），再经过夏、商、周三代。夏代开始有简略的文字。商代有较成熟的甲骨文和少量的金石文。周代才有表达比较丰富的文字文献。所以这段时期的史料多为口头流传，即使有简单的文字，也不能充分表达深邃复杂的道理，多以记事纪实为主，而且有些记载多为商、周追述的。这时期文献的追述性、简略性、传说性、多解性，就成为远古史料的特点。所以这个时期的《三坟》就具有这个特点。

1.传说中确有古《三坟》[②]

---

①顾颉刚，《三皇考》，《古史辨自序》（219～230页），河北教育出版社，2003，第二版.
②王兴业，《三坟易探微》，青岛出版社，1999.

上古时期曾流传有《三坟》《五典》这种古籍，而且在周王室有收藏。《周礼·春官宗伯》在讲外史时指出："掌四方之志，掌三皇五帝之书……"郑玄注云：三皇五帝之书即《三坟》《五典》。"坟"有高大之意，指三皇大道之书。"典"有典制、规范之意，是根据大道而制定的具体制度，称之为"常道"。三皇之"坟"道，五帝之"典"章，作为经验保留下来是很有可能的。

《左传·昭公十二年》有这样一段记载[①]：楚子陈兵于乾谿以为伐徐之援。楚子曾和右尹子革谈话，左史倚相打一旁恭敬地快步走过之后，楚子对子革说："是良史也，子善视之！是能读三坟、五典、八索、九丘。"孔安国在《尚书序》中说："伏牺、神农、黄帝之书，谓之三坟，言大道也。少昊、颛顼、高辛、唐、虞之书，谓之五典，言常道也。""八卦之说，谓之八索，求其义也。九州之志，谓之九丘，丘，聚也，言九州所有，土地所生，风气所宜，皆聚此书也。《春秋左氏传》曰：'楚左史倚相，能读三坟、五典、八索、九丘，'即谓上世帝王遗书也。"[②]可见，在春秋之时检验一个人是否真有学问的标准是看其是否知道《三坟》《五典》《八索》《九丘》这些古籍。说明《三坟》当时不仅存在，而且是检验士人学识高低的标准。

《拾遗记》曾记载：张仪、苏秦，同志好学，遇《三坟》，行程无所记，墨书掌股，夜还而写之。

《晋书·范平传》有云：范平研览《坟》《索》，姚信、贺邵之徒，皆从授业。

唐时李鼎祚《周易集解》序中曾说："元气纲缊，三才成象，神功浃洽，八索成形……臣少慕玄风，游心坟籍，历观炎汉，迄今巨唐……"[③]说李鼎祚年轻时就倾慕神秘之玄学，浏览《三坟》之古籍，从炎黄到汉乃至大唐的文献资料。

《旧唐志·杂家》中曾有范谧撰有《典坟》数十卷的记载。

从以上的文献中可见，古代确曾有《三坟》之书。在春秋战国时，《三坟》流传不广，能看到此书是很不容易的事，能知之者，是知识渊博的象征。在汉代许多学者只知其名，并未看到此书，故有张衡以为《三坟》为天地人

① 《四书五经·春秋左传》（441页），天津市古籍书店影印版，1988.
② 涂又光，《楚国哲学史》（137页），湖北教育出版社，1995.
③ 李鼎祚，《周易集解》，中华书局，1984.

"三礼"，马融说是天地人"三气"。贾公彦批评他们："各以意言，无正验。"说明东汉时《三坟》已经很少见到，但尚未完全散佚。因为晋时尚有范平研究《三坟》与《八索》并授徒姚信、贺邵。唐时李鼎祚还称"游心坟籍"，范谥尚撰有《典坟》数十卷。《三坟》之书可能不被官方辑录，社会主流对此书逐渐淡忘，但在民间的流传，乃至被暂时封存，是有可能的。

2.《三坟》的复出

唐末一隐士，不知其名，曾这样谈发现古《三坟》的过程：

> 余自天复中隐于青城之西，因风雨石裂，中有石匣，得古文三篇，皮断简脱，皆篆字，乃上古三皇之书也。
>
> ——古《三坟》后序（《汉魏丛书》本）

天复为唐末昭宗年号（公元901～904年），青城当为四川的青城山。此《三坟》孤本流传，辗转传于民间。到宋代，毛渐于元丰七年（公元1084年）在泌阳民舍偶遇此书而录之。但仍流传不广，以致宋徽宗时张商英再次得此书于泌阳民间时，还误认为是他初次发现此书，并写入《郡斋读书志》。

3.《三坟》真伪辨

经毛渐、张商英传播开来之后，见此《三坟》者，"往往指为伪书"。其理由之一，是《三坟》失传已久，为何宋时忽出，显是后人伪造；其理由之二，是文字"浅鄙"，内容荒诞，非古人之书。如宋人叶梦得曰："古《三坟书》为古文，奇险不可识，了不可知其为何语。其妄可知也。"又晁公武曰："《三坟书》七卷，右皇朝张商英天觉得之于比（泌）阳民家……按《七略》不载《三坟》，《隋志》亦无之。世皆以为天觉伪撰，盖以比李筌《阴符经》云。"其理由之三，是文中提及三皇以后之事。如"先时者杀，不及时者杀"是夏后所引，"妄意其时而弗知其命之弗顺也"（胡应麟《四部正讹》），有些地方全剽《舜典》[①]。

然而，宋代的郑樵在《通志·艺文略》中却十分肯定《三坟》："《三皇太古书》亦谓之《三坟》……其书汉魏不传，至元丰中始出于唐州比（泌）阳

---

① 顾颉刚，《三坟》与古《三坟书》，《古史辨自序》（309～322页），河北教育出版社，2003，第二版.

之民家，世疑伪书。然其文古，其辞质而野，其错综有经纬，恐非后人之能为也。如纬书犹见取于前世，况此乎！且《归藏》至晋始出，《连山》至唐始出，然则《三坟》始出于近代亦不为异事也。"并在《通志·三皇纪》中说："三皇者，天皇、地皇、人皇是也，其说不一，无所取证；当取伏羲为天皇，神农为人皇，黄帝为地皇之说为正（以《三皇太古书》为证）。伏羲作《连山》；神农作《归藏》；黄帝作《坤乾》。《易》之始自伏羲，《三易》之本自三皇。夏人因《连山》而作《连山》；商人因《归藏》而作《归藏》；周人因《坤乾》而作《周易》。"

近年以来，根据出土文物，对《三坟》做具体分析，认为其确系古书。王兴业先生在《三坟易探微》中详细论证了《三坟》不伪。其一，认为《三坟》失传已久，而宋时忽出，显是后人伪造，这一观点本身就是猜测，没有确证。其二，文字"浅鄙"，古时文词尚简，浅鄙是当然的，甲骨卜辞就是如此。郑樵说得好，"辞质而野"是古老文字的特点。其三，混有后代的事件，这也没有什么奇怪的。贾公彦曾说："三皇之书"乃有文字之后仰录三皇时事，故"仰录时难免混入后人的某些语言、事例乃至思想，不能以此而论为伪书"。

进而，王兴业又从《三坟》的卦序结构、出土文物、古文字符号及古文献方面论证了《三坟》的真实性和其学术价值，下面概述要点如下（详见王兴业著《三坟易探微》，青岛出版社1999年出版）。

《三坟》的卦序为连体卦序，是卦序中最原始的形式，而不是商周以后的对偶卦序。从近年出土的《帛书易序》可以找到古老卦序的影子。这种卦序宋人没见过，怎可以在卦序上伪造出《三坟》呢？！（关于卦序问题详见后文）

在1977年阜阳双古堆的西汉汝阴侯墓中出土了一件"太乙九宫占盘"（图23）。占盘中的天盘上的数字为洛书，其中一为"君"，对九"百姓"（即"民"），中宫为吏（"臣"），三"相"对七"将"，这与《三坟·连山易》中的"崇山君""伏山臣""列山民""君臣相""君兵将"相呼应。这种占盘的应用亦见于战国时写成的《灵枢经·九宫八风》的八风图及说明：

> 太乙在冬至之日有变，占在君；太乙在春分之日有变，占在
> 相；太乙在中宫之日有变，占在吏；太乙在秋分之日有变，占在

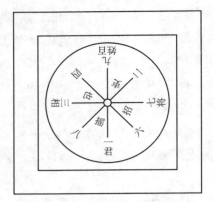

图23　太乙九宫占盘示意图

图24　莒县陵阳河遗址出土
图像文字拓本①

将；太乙在夏至之日有变，占在百姓。

汉代的"太乙九宫占盘的方位与占卜对象的关系，《灵枢经》季节与占卜对象的关系，其基础来源就是《三坟·连山易》"，故旁证了古《三坟》之不伪。

《三坟》中的《连山易》八卦为崇山、伏山、列山、兼山、潜山、连山、藏山、叠山，八山相连。这与古先民在四立二分二至太阳出没位置的观测活动有关。近年在山东莒县陵阳河大汶口出土的陶器上有象形文字"⛰"，其中太阳为"○"，"⌣"为三座高山，"∧∧∧"为五座大山。说明太阳升起在高低不等的八座大山之上（如图24）。这在《山海经·大荒东经》及《山海经·大荒西经》都有反映。

4.《三坟》的内容简述②

这里介绍的《三坟》是据《汉魏丛书》本。

书开头是毛渐写的《古〈三坟〉序》。古《三坟》由三部分组成。第一部分是天皇伏羲氏的《山坟·连山易》，第二部分是人皇神农氏的《气坟·归藏易》，第三部分是地皇轩辕氏的《形坟·乾坤易》。每部分皆有别卦大象③，

---

①陆思贤、李迪，《天文考古通论》（63页），上海古籍出版社，2006.
②王兴业，《三坟易探微》，青岛出版社，1999；王子兖，《易》学源流及其《易》源论证，《周易研究》总第18期，1993；段长山主编，《归藏易考》，中国哲学文化出版社，2002.
③王兴业所说的"爻卦大象"，笔者认为改为"别卦大象"较为合适，因为古《三坟》中各卦，尚未见爻象，特此说明。

传和附文，别卦大象为篆书，可能产生较古；传和附文则为隶书，可能是后人注释。

《山坟·连山易》以八山（崇山、伏山、列山、兼山、潜山、连山、藏山、叠山）为经，以君、臣、民、物、阴、阳、兵、象为纬，以连体卦序组成六十四卦。上体卦序为崇山君、伏山臣、列山民、兼山物、潜山阴、连山阳、藏山兵、叠山象分别与下体崇山君相配，产生第一组八个别卦。上体诸卦再分别与下体伏山臣相配产生第二组，依次产生三～八组，这样上下卦序连体相配而成八八六十四别卦序列。这种卦序称为连体卦序，是一种比较直观、原始的配序方法，与通行本《周易》的综错卦序、京房的爻变卦序是不同的（后文详论）。

《山坟·连山易》的别卦大象详见图25。

	崇山君	伏山臣	列山民	兼山物	潜山阴	连山阳	藏山兵	叠山象
崇山君	崇山**君**	君臣**相**	君民**官**	君物**龙**	君阴**后**	君阳**师**	君兵**将**	君象**首**
伏山臣	臣君**侯**	伏山**臣**	臣民**士**	臣物**龟**	臣阴**子**	臣阳**父**	臣兵**卒**	臣象**股**
列山民	民君**食**	民臣**力**	列山**民**	民物**货**	民阴**妻**	民阳**夫**	民兵**器**	民象**体**
兼山物	物君**金**	物臣**木**	物民**土**	兼山**物**	物阴**水**	物阳**火**	物兵**执**	物象**春**
潜山阴	阴君**地**	阴臣**野**	阴民**鬼**	阴物**兽**	潜山**阴**	阴阳**乐**	阴兵**妖**	阴象**冬**
连山阳	阳君**天**	阳臣**干**	阳民**神**	阳物**禽**	阳阴**礼**	连山**阳**	阳兵**谴**	阳象**夏**
藏山兵	兵君**帅**	兵臣**佐**	兵民**军**	兵物**材**	兵阴**谋**	兵阳**阵**	藏山**兵**	兵象**秋**
叠山象	象君**日**	象臣**月**	象民**星**	象物**云**	象阴**夜**	象阳**昼**	象兵**气**	叠山**象**

图25 《山坟·连山易》六十四卦排列表

崇山君	君臣相	君民官	君物龙	君阴后	君阳师	君兵将	君象首
伏山臣	臣君侯	臣民士	臣物龟	臣阴子	臣阳父	臣兵卒	臣象股
列山民	民君食	民臣力	民物货	民阴妻	民阳夫	民兵器	民象体
兼山物	物君金	物臣木	物民土	物阴水	物阳火	物兵执	物象春
潜山阴	阴君地	阴臣野	阴民鬼	阴物兽	阴阳乐	阴兵妖	阴象冬
连山阳	阳君天	阳臣干	阳民神	阴物禽	阳阴礼	阳兵谴	阳象夏

藏山兵　兵君帅　兵臣佐　兵民军　兵物材　兵阴谋　兵阳阵　兵象秋

叠山象　象君日　象臣月　象民星　象物云　象阴夜　象阳昼　象兵气

其传对每卦均有说明，在此从略。其后附有《太古河图代姓纪》和《天皇伏羲氏皇策辞》。

《气坟·归藏易》以天气、地气、木气、风气、火气、水气、山气、金气为经，以归、藏、生、动、长、育、止、杀为纬，以连体卦序组成六十四卦。其别卦大象为：

天气归　归藏定位　归生魂　归动乘舟　归长兄　归育造物

归止居域　归杀降

地气藏　藏归交　藏生卵　藏动鼠　藏长姊　藏育化物

藏止重门　藏杀盗

木气生　生归孕　生藏害　生动勋阳　生长元胎　生育泽

生止性　生杀相克

风气动　动归乘轩　动藏受种　动生机　动长风　动育源

动止戒　动杀虐

火气长　长归从师　长藏从夫　长生志　长动丽

长育违道　长止平　长杀顺性

水气育　育归流　育藏海　育生爱　育动渔　育长苗

育止养　育杀畜

山气止　止归约　止藏渊　止生貌　止动济　止长植物

止育润　止杀宽宥

金气杀　杀归尸　杀藏墓　杀生无忍　杀动干戈

杀长战　杀育无伤　杀止动

其后有传解释各卦，在此略去，后附《人皇神农氏政典》。

《形坟·乾坤易》以乾、坤、阳、阴、土、水、雨、风八形为经，以天、地、日、月、山、川、云、气为纬，以连体卦序组成六十四卦，但其以上体为本，下配下体各卦，可称其为连体卦序的变体。其别卦大象为：

乾形天　地天降气　日天中道　月天夜明　山天曲上　川天曲下

云天成阴　气天习蒙

坤形地　天地圆丘　日地圜宫　月地斜曲　山地险径　川地广平

云地高林　气地下湿

阳形日　天日昭明　地日景随　月日从朔　山日沉西　川日流光

云日蔽露　气日昏蓊

阴形月　天月淫　地月伏辉　日月代明　山月升腾　川月东浮

云月藏宫　气月冥阴

土形山　天山岳　地山盘石　日山危峰　月山斜巅　川山岛

云山岫　气山岩

水形川　天川汉　地川河　日川湖　月川曲池　山川涧

云川溪　气川泉

雨形云　天云祥　地云黄霙　日云赤昙　月云素雯　山云叠峰

川云流　气云散彩

风形气　天气垂氤　地气腾氲　日气昼围　月气夜圆　山气笼烟

川气浮光　云气流霞

其后有传以解释各卦，在此略去。后附《地皇轩辕氏政典》。

最后有唐末隐士（佚名）的《后序》。

以上就是古《三坟》全书的概貌。

5.《三坟》易学的科学认知体系

其一，《三坟》已经有了将知识整体化的趋向。以《山坟·连山易》为例，是将八山所象征的事物，用君、臣、民、物、阴、阳、兵、象八个方面来审视，观察相互之间的关系、地位、作用，使零散的认识与经验系统化。君、臣、民、兵是社会层面事物的等级与作用。"君"是领导，首要层面的因素；"臣"是辅佐，其次层面的因素；"民"是基础，普遍层面的因素；"兵"是强力，执行方面的因素。而物、阴、阳、象则是对自然属性层面事物的分类性质与作用的描述，这就把社会与自然的各个方面有机地联系起来了。

譬如"列山民"："民"最首要的是食，民以食为天，就是"民君食"；民有了食，第二重要的就是干活要有力气，就是"民臣力"；民以什么推行自己的理想和保护自己呢？就是掌握工具，就是"民兵器"；"民阴妻""民阳夫"，正是伏羲"正婚姻""因夫妇""明嫁娶"婚姻制度改革的体现；从物的角度看民，则是以货的多少来衡量其富裕程度，故有"民物货"之说法。从老百姓的地位、作用给其总体之形象以比喻，恰似一个人的身体，如果说："君象首""臣象股"，那么"民"就像是身体，故有"民象体"之说。同样"崇山君"也可以从君、臣、民、物、阴、阳、兵、象几方面来认识，从不同角度来聚交"崇山君"——崇高之山像君，地位最高，权力最大；"君臣相"——辅佐君的是相；"君民官"——君的基础是官，官乃管也，通过官来管理民众；"君物龙"——君之物最高、最有代表性的是龙，这既是民族的图腾，又是国家的象征，也代表着王权，看来以龙代君这种思想很早就萌生了；君王之妻称后，故有"君阴后"之说；君虽然至高无上，然而也要向圣贤学习，要尊敬师长，故有"君阳师"；君之兵，是通过"将"来管理和统辖的，故有"君兵将"；君作为国家民族最高权力的象征，就好像一个人的脑袋一样重要，故有"君象首"之说。其他各项均可依此类推，不再一一赘述。

对于物来说，最珍贵的是金，故有"物君金"；其次重要而应用广泛的是木，故有"物臣木"；作为物之基础的莫过于土，故有"物民土"；属于阴性之物为水，故有"物阴水"；属于阳性之物为火，故有"物阳火"；物是拿来用的，故有"物兵执"；物对生产、生活有推动、发展之作用，有生发之态，故有"物象春"。

对事物从各个角度去分析，在当时那个时代，是够全面了。这种广泛联系，探寻事物之间的相互关系的思想方法，在今天也是有价值的。今天的分科之学，将整体的有机联系的事物，人为地、硬生生地分割，使事物丧失了活力和整体性，而易学思维对之则是一个很好的补充和匡正。

其二，对事物之间的对待关系有了深刻的认识。正是因为对事物认识的整体化趋向，更有助于发现事物之间的对待关系。最明显的是对事物分阴分阳。在自然方面有天地、昼夜、水火等，在社会方面有君臣、父子、夫妻等。在精神方面有鬼神、礼乐等。另外在时空方面已经有一定的认识，如"阴臣野"——空间之分野；"阳臣干"——天时之天干。总之这种对待思想，是对待的双方互为存在的条件，互有长短，互相需要，互相补充才能完全，相互协同才能和谐。这种对待思维是辩证思维的摇篮和启蒙，也是易学的核心理念。

其三，中国传统文化的许多观念已初步显现。譬如春夏秋冬四时的概念，这种四时概念不仅仅是自然的季节，而且赋予其社会属性。在《山坟·连山易》中，"物象春""阴象冬""阳象夏""兵象秋"就具有这种特点。这种四时观念，给夏代的《夏小正》、周代的《月令》打下了思想基础。再如关于五行的概念，在《山坟·连山易》中已经提出了，如"物君金""物臣木""物民土""物阴水""物阳火"之类，这还仅仅是偏重于物质性状层面的论述。而在《气坟·归藏易》中则对五行在生物生长过程的生发作用十分强调："木气生""火气长""水气育""地（土）气藏""金气杀"，将五行与生物之生长发育过程联系起来，有很大的发展。这里虽有五行与生物生长的联系，却未明确提出五行之间的相生关系。在《气坟·归藏易》中，虽有"生杀相克"的说法，却没有五行相克观念。即便如此，仍从中可以看出五行观念的初始形态。

其四，《气坟·归藏易》体现了重农思想。神农氏的《归藏易》是用天地五行和归、藏、生、动、长、育、止、杀的八象，说明生物的发生、发展、衰亡的全过程，从中体现神农氏政策中贯彻"农不正，食不丰"的精神和重农政策。其中特别重视不同时段（八风、八节）相应的护理与劳作，环环相扣，突出了《归藏》的历法性的特点。

其五，《古〈三坟〉》虽然没有给出八卦的方位，但已经给后来各种不同形式的八卦的出现打下了基础。比如《周易·说卦传》有云："天地定位，山泽通气，雷风相薄，水火不相射，。"

崇山君——对应天，为乾；伏山臣——对应地，为坤；潜山阴——对应水，为坎；连山阳——对应火，为离；藏山兵——古逸象武人、征伐，为震之象；叠山象——风者为气，其精者为日、月、星，其阳者为昼，其阴者为夜，含水者为云，藏形者为气，所以叠山象乃为风，为巽之象；列山民——崇山为君，列山为民，民为小人，徒隶，尚秉和以为艮为徒隶，为小人，为民，故"列山民"为艮；兼山物——《周易·萃卦·彖》云："观其所聚，而天地万物之情可见矣"，故兑有物之汇聚之意，故兼山物为兑。如此可将《山坟·连山易》的八山方位画成图26（a）。

另外《周易·说卦传》还有一种说法：

雷以动之，风以散之，雨以润之，日以烜之，艮以止之，兑以说之，乾以君之，坤以藏之。

这与《气坟·归藏易》的"天气归，地气藏，木气生，风气动，火气长，水气育，山气止，金气杀"更为吻合，仅是水（雨）、火（日）互换一下位置而已，见图26（b）。

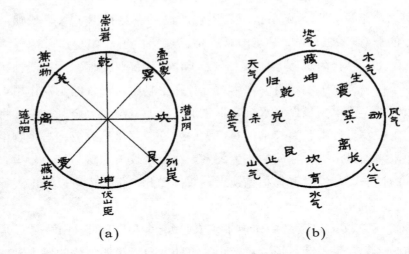

(a)　　　　　　　　(b)

图26　《山坟·连山易》与《气坟·归藏易》八卦方位对比图

其六，仰者观象于天，俯者观法于地。对天地自然之象作了深入细致的观察与分类，尤其以《形坟·乾坤易》更为明显，对日、月、云、气从不同角度观察，有许多天文、气象特殊现象的发现。如日晕（日气昼围）、月晕（月气夜圆）、火烧云（日云赤昙）、掩月之白云（月云素雯）、日月相会（月日从朔）等。而对地、山、川这些具体的形貌，更有科学的分类。譬如对大地的各种地形就有："天地圆丘""日地圜宫""月地斜曲""山地险径""川地广平""云地高林""气地下湿"。"天地圆丘"——野外望去，周围天与地接，而中间似乎突起，构成圆丘形状，称之为"天地"，也就是我们一般所说的大地。"日地圜宫"——像日的圆形盆地。"月地斜曲"——弯曲倾斜的山坡地。"山地险径"——山路崎岖之地。"川地广平"——河流冲积平原。"云地高林"——山腰常有云雾，在森林线以上的高林地带。"气地下湿"——专指低湿洼地而言。这种分类与现代地形地貌学的认识，没有很大出入。[1]

对山的认识也十分丰富："天山岳"——山峰高崇而摩天者为岳（嶽），后来就衍而为"五岳"。"地山盘石"——低而大的山塬，一般地学称之为"岩基"，实际上叫"磐"最为恰当。"日山危峰"——直刺天日的尖峰，看起来很险峻，故称"危峰"。"月山斜巅"——有明月斜挂的意思，山顶斜倾

①王嘉荫编著，《中国地质史料》（243～244页），科学出版社，1963.

之山。"川山岛"——水中之山成岛。"云山岫"——群山掩映，云雾缭绕，诗人有"山高云出岫"之句，可能就从此衍化而来。"气山岩"——可能指岩洞多而水汽蒸腾之山，如岩溶地形之山，如桂林的"七星岩"，又或者是指火山有温泉之山，如长白山。[①]

对水也有概括："天川汉"——指天上的银河。"地川河"——指黄河、长江那样的大河。"日川湖"——指长宽相近的大型水体称湖。"月川曲池"——指水体狭长而弯曲的湖泊，俗称"牛轭湖"。"山川涧"——山谷中的河水在峡谷间流过，形成"山涧"。"云川溪"——高原或高山水源头的溪流，一般是水草湿地溪水交融，易形成雾霭。"气川泉"——水之源头泉水，从地下喷涌而出，或浸润而出，水温较气温高而水汽氤氲。

总之，《形坟·乾坤易》是在对天地自然之象有广泛观察的基础上整理出来的，并对天象、气象、水象、地象进行了分类，文字简短，内涵丰富，着眼于地，比象于天，旁涉云气雾霭及地表水及植被情况，贯穿着综合作用的整体性的自然观思想[②]。给后世地理、水文、气象等自然科学的发展奠定了基础。

《三坟》反映了从伏羲、神农到黄帝这段时间，中国所经历的文明发展，伏羲奠定了基础，从洪荒时代进入文明；神农则实行"正天时，因地利，惟厚于民"的重农政策，从而走入农耕为主的社会；黄帝则进一步完善了社会体制及一系列制度，并完成了中华民族融合之大业。在进步与发展中，这里强调的就是"易"——就是变革。"易，穷则变，变则通，通则久。"这种变革为国家的建立创造了条件，使中华民族终于走出了原始社会。

五、夏易《连山》与商易《归藏》

三皇五帝之后，中国社会进入了一个巨大的变革时期。表现在社会生产结构方面就是农业、手工业、商业分工明显。农业是主导，农垦成了第一要

①王嘉荫编著，《中国地质史料》（243～244页），科学出版社，1963.
②商宏宽，中国古代的灾异观及其现实意义，《中国传统文化与现代科学技术》（299页），浙江教育出版社，1999.

务，往往以集体活动进行，国王亲率人马或派专员负责这方面工作①。青铜器出现了，并主要用于祭祀与礼仪活动，而青铜器主要是权力的象征。文字已经逐渐定型，并成为社会上层纪事、传达政令的工具。通过畜牧业的发展，开始了"服牛乘马"，并用于农业生产和军事当中，提高了生产力和战斗力。掌握先进的生产力和战斗力的氏族或氏族集团，在民族融合过程中就掌握了主动权，最后形成了夏代王朝470年、商代王朝554年，进入了初步统一的王朝时代。

王朝时代，必须将王权、宗教权、神权集中于国王身上，这种倾向，在五帝时期就已露端倪。颛顼时期就曾实行"绝地天通"的措施，将祭祀神灵的权力集中在少数人手里，只有部族酋长和神职人员才能通天地。这种权力的集中进一步发展，就成为国王乃是代天行道，君权神授。

王权的集中就形成了以宫殿为核心的都城。中国考古证实，最早的古城可能距今五六千年前（有人称为黄帝城——郑州市北郊古荥镇孙庄村西山古城），又发现了距今4000多年的陶寺古城（山西襄汾），可能是尧都。而在河南偃师二里头发现距今3800年的古城——夏都，成为"华夏第一王都"。② 以王都为中心，划定九州，并由国王派专员管理，形成重要城镇网络，以加强其统治。这种统治的力度，随着距离增加而减弱，夏代则有五服之说，即所谓甸服（直属）、侯服（臣属）、绥服（附属）、要服（或属）、荒服（非属）。③ 商代也有内服、外服及方国之说④。说明这时的国家统治尚比较松散，中央控制范围较小，方国都有较大的发展空间。

1. 残缺的夏易《连山》与商易《归藏》

从三皇五帝时代继承下来的易学文化，在夏商有了进一步的发展，并且形成了夏易《连山》和商易《归藏》，一直延续至周代还有应用。《周礼·春官》有云："（大卜）掌三易之法，一曰《连山》，二曰《归藏》，三曰《周易》，其经卦皆八，其别皆六十有四。"贾公彦曾说："《洪范》云：择建立

①许倬云，《西周史》（27～30页），生活·读书·新知三联书店，2001.
②徐海亮、轩辕彦，《走近黄河文明》（62～65页），中国人文出版社，2008.
③《禹贡》及《书经图说·（禹贡）五服图》，引自于希贤、于涌编著《风水的理论与实践（上）》（173页），光明日报出版社，2005.
④徐海亮、轩辕彦，《走近黄河文明》（23～26页），中国人文出版社，2008.

卜筮人，三人占，从二人之言。盖筮时《连山》《归藏》《周易》三易并用，夏殷（商）以不变为占，《周易》以变者为占，三人各占一易。《仪礼·士丧礼》筮宅，东西旅占。旅、众也。与其属共占之。《春秋·演孔图》云：孔子修《春秋》，九月而成，卜之得《阳豫》之卦。宋均注云：夏殷之卦名，故今《周易》无文。是孔子亦用二代之筮也。"夏之《连山》殷商《归藏》占七、八（少阳、少阴）以不变为占，和《周易》占六、九（老阴、老阳），以变为占不同，但三易并用无分厚薄。

秦汉之后，《连山》《归藏》用者逐渐减少，知道的人亦很少。东汉桓谭在《新论》中说："《连山》八万言，《归藏》四千三百言。夏易烦而殷易简。"又说："《连山》藏于兰台，《归藏》藏于太卜。"看来桓谭是知道两部易书的底细的。东汉张衡在《灵宪》中曾引"羿请无死之药于西王母，姮娥窃之以奔月，将往，枚筮之于有黄，有黄占之曰：吉。翩翩归妹，独将西行，逢天晦芒，毋惊毋恐，后且大昌，姮娥遂托身于月，是为蟾蜍。"此文出自《连山》还是《归藏》尚有二说，但确系二易无疑。（此段文字在［唐］李淳风《乙巳占》中亦有引用）但此时毕竟知其书者甚少，以至班固在写《汉书·艺文志》时，没有提及此书。三国时虞翻曾说："《归藏》名卦之次亦多异。"说明三国之时虞翻曾见过商易《归藏》，并与《周易》作过对比。

西晋之时，在汲郡出土了大批文物，《竹书纪年》《穆天子传》《汲冢周书》以及与易有关的三种文献：《易爻阴阳卦》二篇，《卦下易经》一篇，《公孙段》二篇。对这次发现最为详细的报告是《晋书·束皙传》，系由唐房玄龄编写。在汲郡出土竹书文献之后，引用夏商易的文献开始增多。诸如晋皇甫谧在《帝王世纪》中引夏易《连山》："禹娶涂山之子，名曰攸女，生启。"北魏郦道元在《水经注》中引《连山》："有崇伯鲧，伏于羽山之野……"晋张华在《博物志》中引商易《归藏》："武王伐殷而牧占蓍老"；"桀筮伐唐而牧占'荧惑'"；"鲧筮注洪水，而牧占'大明'"；等等。晋郭璞注《山海经》时，亦曾多处引用《归藏》之文："昔者羿善射，毕十日，果毕之。"说明这段时期确因新获文献而对夏商易之热衷。然而刘弦于隋开皇时伪造《连山易》《鲁史记》等百余篇，因而被削职除名，赦其死罪。但混淆了夏《连山》和商《归藏》的真伪，同时也使得两易进一步散佚无闻。《隋书·经籍志》有《归藏》十三卷，到了宋朝《中兴馆阁书目》就仅有《初经》《齐母》《本蓍》三篇了。

《唐书·艺文志》有《连山》十卷，现仅有残缺之散语矣。

清代学者马国翰在《玉函山房辑佚书》中有《连山》一卷（系据黄佐的《六艺流别》、罗泌《路史》等文献汇集而成），有《归藏》一卷，内有《初经》《齐母经》《郑母经》《本蓍篇》《启筮篇》以及从各种文献中收集到的逸文，最后附有诸家论说。除此之外，尚有王谟和洪颐煊的辑本。以上是当前仅存的有关《连山》《归藏》文献。马国翰有云：夏易《连山》佚文和殷易《归藏》残篇是真实可信的。时至近代，1993年在湖北王家台发现了秦简，其中有与传世《归藏》几乎相同的文字。如"节曰：昔者武王卜伐殷而枚占老考，老考占曰：吉"（与张华《博物志》所引同）；"明夷曰：昔者夏后启卜乘飞龙以登于天而枚占"（与郭璞《山海经注》所引同）[1]。可见商易《归藏》之不伪。

夏易《连山》和商易《归藏》，不同于前文所述的古《三坟》中的《山坟·连山易》《气坟·归藏易》《形坟·乾坤易》，但是它们确有传承发展之关系，正如姚信和王洙所说：

> 连山氏得河图，夏人因之曰《连山》，归藏氏得河图，商人因之曰《归藏》，伏羲氏得河图，周人因之曰《周易》。
>
> ——《玉海》卷三十五

> 伏羲氏得河图，夏后因之曰《连山》，黄帝氏得河图，商人因之曰《归藏》，列山氏得河图，周人因之曰《周易》。
>
> ——王洙《山海经注》

两者说法颇不统一，不知谁是，然而有两点是确定的：其一，说明夏易《连山》，商易《归藏》乃至《周易》都与三皇之《三坟》易有传承关系；其二，说明夏易《连山》，商易《归藏》和《周易》都用了"河图"中的"数"，以数的奇偶定爻的阴阳，成为易学的一大进步。

从有关文献和夏易《连山》、商易《归藏》现存的残篇散语之中可知：首先，夏易《连山》和商易《归藏》都是以数的奇偶定阴阳，以爻组成卦，并明显地出现老阳、老阴、少阴、少阳的九、六、八、七的分别，故有以不变的

---

① ［美］夏含夷，从出土文字资料看《周易》的编纂，《第二届国际易学与现代文明学术研讨会论文集》（64～72页），美国国际易经学会，北京国际易学联合会，台湾中华周易学会，2005.

少阴、少阳为占的分别。故而，进入易学的卦爻分析的时代，比古《三坟易》有明显的进步。其次，它们保存了许多上古时代的神话传说和历史故事，给了解远古社会、文化、信仰及思想提供了线索。第三，夏易《连山》与商易《归藏》给出一些卦名，有一些已经与现行的《周易》卦名相近、相同。有些虽然差别很大，基本上已经步入三代易学范畴之内，确与古《三坟》有明显的区别，可以从中看出其发展、完善的脉络。第四，从《三坟》的连体卦序→十二辟卦认识某些对偶卦→《周易》的对偶卦序，可看出卦序排列的发展状况。第五，从伏羲画八卦定八节→《三坟》重时变→夏《连山》的夏时，可以看到易学的易历传统。

2. 夏易《连山》的重时性传统

《礼记·礼运》有云：

> 孔子曰："我欲观夏道，是故之杞，而不足征也，吾得《夏时》焉。我欲观殷道，是故之宋，而不足征也，吾得《坤乾》焉。《坤乾》之义，《夏时》之等，吾以是观之。"

郑玄注曰：（孔子）得夏四时之书也，其书存有《小正》；《史记·禹本纪》有："太史公曰：孔子正夏时，学者传《夏小正》。"而孔子所得《坤乾》，实际就是商易《归藏》，"殷易以坤为首，故先坤后乾"。这里的《夏时》虽然不是夏易《连山》，却是夏后氏遗留的典籍，而且与夏易《连山》有密切关系。正如《三易备考》中就介绍了夏易《连山》与《尧典》关于四时的比较，可见易以授时的传统是确实存在的。《夏小正》关于四时的描述，就是《连山》的知识基础。

《夏小正》（见表2）是以时间顺序为主线，从天象、气象、物候、农事及社会活动贯穿一岁的变化，起到指导农业、渔猎、采摘以及国事民事活动，是一本实用性很强的历书（参见《夏小正》天象、物候、人事表）。[①] 而且这一传统影响后世至今，诸如《礼记·月令》《吕氏春秋·十二纪》《淮南子·时则训》《逸周书·时训解》以及王祯《农书·授时指掌活法之图》等，都可以看到《夏小正》的影子。

---

① 方向东，《大戴礼记汇校集解》（139～304页），中华书局，2008.笔者整理简化成表。

前文曾引述《楚帛书·创世》中，伏羲命四子赴四极以襄天、观日月、步天成岁而定四时。在《尚书·尧典》中有：

> 乃命羲和，钦若昊天，历象日月星辰，敬授人时。分命羲仲，宅嵎夷，曰旸谷。寅宾出日，平秩东作。日中星鸟，以殷仲春。厥民析，鸟兽孳尾。申命羲叔，宅南交，曰明都，平秩南为敬致。日永星火，以正仲夏。厥民因，鸟兽希革。分命和仲，宅西，曰昧谷。寅饯纳日，平秩西成。宵中星虚，以殷仲秋。厥民夷，鸟兽毛毨。申命和叔，宅朔方，曰幽都，平在朔易。日短星昴以正仲冬。厥民隩，鸟兽氄毛。

表2　《夏小正》天象、物候、人事简表

月	天象（气象）	物候	人事（国事、民事、农事等）
正月	鞠则见（鞠为禄星）， 初昏参中， 时有俊风， 寒日涤（变）冻塗（涂）	启蛰、雁北乡，雉震呴，鱼陟负冰，田鼠出，獭献鱼，鹰则为鸠，柳稊，梅杏杝桃则华，鸡桴粥（鸡孵卵）	农纬厥耒（祭耒）， 祭韭，囿有见韭， 农率均田， 农及雪泽，初服公田
二月		昆小虫抵蚳（众虫子欲动），祭鲔（此鱼春来），燕来，有鸣仓庚（黄鹂），时有见稊，荣芸	往耰黍衣单， 幼羔脱母奶， 青年男女结婚（绥多女士）， 入学仪式（丁亥万用入学）
三月	参则伏 （箕星之精，桑）， 越有小旱	委杨（杨穗垂委）， 羠羊（群羊团聚）， 螜（蝼蛄）则鸣， 田鼠化鴽（鹌鹑）， 拂桐芭，鸣鸠	摄桑（摘采桑叶）， 颁冰（分授冰块）， 采蘵（龙葵草）， 妾子始蚕，执养宫事， 祈麦实
四月	昴则见， 初昏南门正（南门为亢宿之两个星）， 越有大旱	鸣蜩（蜩，小蝉）， 鸣蜮（蜮，蝈）， 王萯（王瓜）秀， 莠幽（幽为蓃，远志草）	麦熟，囿有见杏， 取荼（荼—苦荼，苦荬菜）， 执陟攻驹（驯幼马服车）

续表

月	天象（气象）	物候	人事（国事、民事、农事等）
五月	参则见，时有养日，初昏，大火中（大火，心宿）	浮游有殷（浮游—屎壳螂），鸠则鸣（鸠，伯劳），良蜩鸣（蝉鸣），匽之兴五日翕，望乃伏（蚕蛾产子过程）	乃瓜，始收瓜（甜瓜），启灌兰蓼（兰蓼，作颜料用的草，分根别栽），煮梅（醃制梅实），颁马（牝马分群饲养）
六月	初昏，斗柄正在上（指南），依尾（斗柄接近尾宿）	鹰始挚	煮桃
七月	湟潦生苹，汉案户（天河直南），初昏，织女正东乡，时有霖雨，斗柄县（悬）在下则旦	秀雈苇，貍子肇肆，莠秀（莠，扫帚菜）寒蝉鸣，灌荼（芦棒）	爽死（抚恤烈属），织布女工忙
八月	辰则伏（辰—大火），参中，则旦	栗零（栗房秋爆）丹鸟羞白鸟（丹鸟可能为螳螂，白鸟为蚊蚋，羞为馐），駕为鼠（感阴而藏）	剥瓜（瓜田罢园），玄校（青黑色颜料），剥枣（击枣）
九月	内（纳）火，辰系于日（大火星与日同出同入为系）	遰（往）鸿雁陟玄鸟（燕子）蛰熊黑貔貉鼶鼬则穴雀入于海为蛤	主夫出火（绝止人出火），荣鞠（菊）树麦（种麦），王始裘
十月	织女正北乡，初昏，南门见，则旦①，时有养夜	黑鸟浴，玄雉入于淮为蜃，豺祭兽	始冬狩
十一月	于时月也，万物不通	陨麋角	王狩，陈筋革，鹿人从，啬人不从②
十二月		鸣弋（弋，鸢）玄驹贲（玄驹为黑蚂蚁，在地中感阳气而动），鸡始乳	纳卵蒜（采集独头蒜），虞人入梁（掌水之官入泽取鱼）

①此处原文为"初昏，南门见"，"织女正北乡，则旦"。此时南门星非初昏见，织女星也不是早晨可见，明显是"初昏"与"则旦"错简而误，故正之。

②九月有"鹿人从"之句，突如其来，实应放在十一月，"鹿人"即山虞人也，是管山野的官员，理应随从王田猎。"鹿人从"错放到九月，今更之。

这里除有四子受命四极所驻之地，并明确指出四时的天象如"日中星鸟"（鸟指朱雀中的鹑火），"日永星火"（火指苍龙中的心宿大火），"宵中星虚"（虚指玄武之虚宿），"日短星昴"（昴指白虎中之昴宿）。同时概括指出鸟兽羽毛随季节变化而稀、密，人们的衣服随四时变化而增减。而《夏小正》则将四时细分为十二个月，每个月的天象、气候、物候、祭祀活动、农事活动、民间活动及国王的活动，都描述得非常具体。

夏易《连山》已经亡佚，仅余残文，不能辨其全貌。但据宋朱元升在《三易备遗》中透露："《连山易》夏时之取则也，而《尧典》一书，分命羲和亦夏时之取则也。以《书》考《易》，其义一也。"可见夏易《连山》与《尧典》之四时，与《夏小正》的四时，是一脉相承的。

而周代的时制也是在《夏小正》的基础上，建立起《礼记·月令》的历制。只是《礼记·月令》则将其规范化、制度化，服务于王权罢了。但在物候观察及天象量测上，进展不大，还是沿用《夏小正》的资料。

如果将《尧典》的二至二分星象与《夏小正》以及《月令》所记的天象作比较，则得到图27。

由图27可知，《尧典》所说的四季，与《夏小正》的四季星象并不在相同位置上，有较大的错位。晋代的虞喜曾说："尧时冬至日日短星昴，今

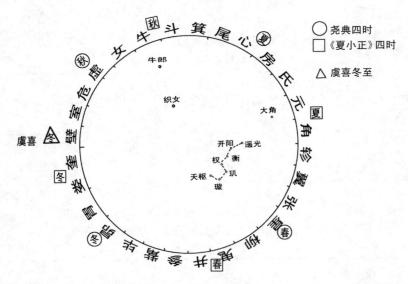

图27 《尧典》与《夏小正》（参照《月令》）四时天候对比图

二千七百余年，乃东壁中，则知每岁渐差之所至。"这是"岁差"一词的由来，虞喜也是中国最早发现"岁差"的人。据伊世同先生推算，如以天球春分点西退方式表述，则春分点沿黄道每26000年旋转一周，几乎每七十二年岁差一度①。

这种重视时间的传统起源甚早，从伏羲画八卦、定八节，为民授时起，发展到三皇时期的古《三坟》，其中《山坟》以"君、臣、民、物、阴、阳、兵、象"为经，强调"民君食"（民以食为天），强调"日、月、星、云、夜、昼、气、象"的观察与变化；《气坟》则更重视农作物的归、藏、生、动、长、育、止、杀的全过程，提出"正天时，因地利，惟厚于民"的政策；《形坟》通过对天、地、日、月、山、川、云、气的广泛观察，而知道天时、气象、地理之变化与分类。在此基础上，《尧典》总结出了四时为农授时的纲领性指导。正如孔颖达在注《尚书》时所说：

> 主春者鸟星昏中，可以种稷；主夏者心星昏中，可以种黍；主秋者虚星昏中，可以种麦；主冬者昴星昏中，则入山可以斩伐，具器械。王者南面而坐，视四星之中者而知民之缓急。则不赋力役，故敬授民时，观时候，授民事也。②

而《夏小正》则是在前人的基础上，更具体、广泛、实用地总结经验，是承前启后的重要成果，同时也是夏易《连山》的知识基础，并成为周代之《月令》，《吕氏春秋》的《十二纪》，《淮南子》的《时则训》等文献的蓝本。这种重时传统集中反映在《授时指掌活法之图》（图28）上。这里面许多物候知识，都来自《夏小正》。正如王祯所说：

> 盖二十八宿周天之度，十二辰日月之会，二十四气之推移，七十二候之变迁，如环之循，如轮之转，农桑之节，以此占之。③
>
> ——王祯《农书·授时篇》

这种以时序演进为线索，将天象、气象、地象、水象、生物象、社会象等世间万象有机联系在一起的天人合一自然观，"是在中国农业发展过程中，

---

①伊世同，龙龄索——龙腾东方的萌始年代与其天文学求解，《龙文化与现代文明》（125~135页），中国经济文化出版社，2003.
②方向东，《大戴礼记汇校集解》（上），《夏小正第四十七》（177页），中华书局，2008.
③刘长林，《中国系统思维》（421页），中国社会科学出版社，1990.

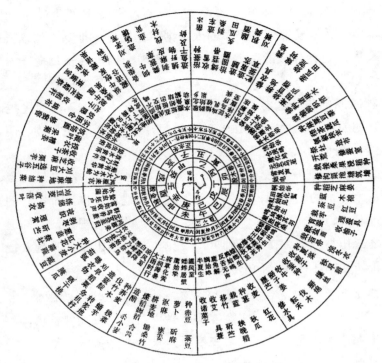

图28　授时指掌活法图

自然而然形成的。中国自古就以农业立国，农业生产最重要的是掌握农时。因此，中国古代最先发展的是天文学、律历学、物候学和农学，形成天运定时，地物应候，人作相和的完整而又和谐的天人合一观"。[1]这也正是易学的核心理念。

3. 卦序的变化

卦序是对万千卦象的系统化梳理，是对卦象间动态变化及其关系的勾连，是卦象数理认知的体现。故而谈卦序必然从卦象的发展与表示谈起。随着社会的进步，卦象的表示可分成如下几个阶段。

图像符号阶段：最初只有图像符号，用以表示自然现象，诸如以猪形表示北斗，以"⟨•⟩"符号表示龙心大火星，以"⚹"表示太阳升起，以"✻"

---

①商宏宽，《周易自然观》（2～3页），山西科学技术出版社，2008.

表示四时八节，以人面鱼形纹表示月亮的盈亏等等。这些图像符号有象征意义，有特指性，有传达信息的能力，但其反映的事物都是直观、简单的。

象数图示阶段：是进一步将有关内容集中在一起，表达系统的知识。开始比较简单，逐渐演变得较为复杂，譬如“金乌负日”“神龟贡书”。“神龟贡书”中已经有了数与象的结合，而“缕孔象牙梳”则又进一步有象、有数、有爻画符号及初级的“太极”图形，而能表达抽象复杂的知识内容。

连体卦序阶段：古《三坟易》出现，易学已经形成一个体系，有经卦，有由经卦组成的别卦，并由一个经卦与其他各经卦相配形成八组连体卦序，织成一个事物网格，表达事物之间的层级、作用、关系等联系。如前述《山坟·连山易》《气坟·归藏易》《形坟·乾坤易》，都是这种连体卦序。商易《归藏》也是以各初经卦皆领一宫而形成的八八六十四卦体系。夏代已经广泛应用天干数，但是卦爻符号是何时起用的尚不得而知。据贾公彦说“夏殷以不变为占”，说明夏商之时已经有爻出现。根据张政烺发现殷墟甲骨文奇字，则有如

奇字符号
数字今译
七五八
八一六
七五六六六七
二六八一六
七八七六七六
六八二五一
五二六八一
卦画
卦名
巽
坎
益
涣
未济
大壮
无妄

图29 张政烺发现由数字组成的甲骨文奇字举例①

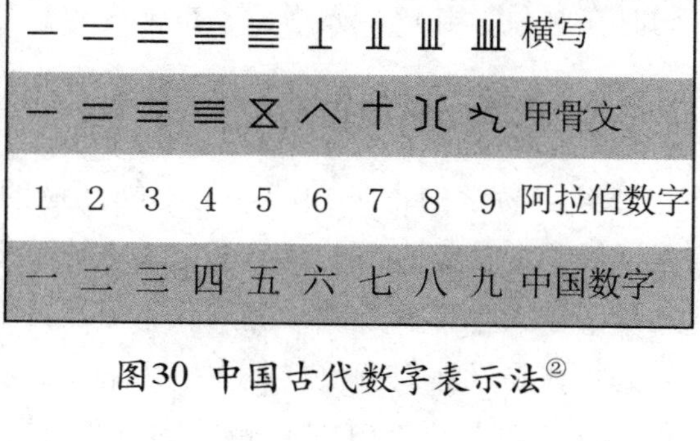

纵写
横写
甲骨文
1 2 3 4 5 6 7 8 9 阿拉伯数字
一 二 三 四 五 六 七 八 九 中国数字

图30 中国古代数字表示法②

①傅海伦，论《周易》对传统数学机械化思想的影响，《周易研究》第二期，1999.

②杜石然等，《中国科学技术史稿》（上）（70，132页），科学出版社，1984.

图29的形式，所用数字较多，阴阳爻符号尚未统一，这可能是卦爻符号的原始状态。古代作为记数的草棍叫作算"筹"，主要是用蓍草，后来改为竹制的小棍，称为"策"，筹策通用，而且最早的数字就是用筹策摆出来的（图30）。张政烺认为，开始时九个数字都用，因为二、三、三易混淆，故弃而不用，后来多用一乂人十)《，最后简化为只用一、人两数，而以"—""--"定格，成为通用的卦爻符号。

对偶卦序阶段：当简化到只有"—""人"或者"—""--"时，才能出现六爻阴阳消长的简明关系，出现代表年周期的十二个特征卦："子复（☷☳）、丑临（☷☱）、寅泰（☷☰）、卯大壮（☳☰）、辰钦（夬）（☱☰）、巳乾（☰）、午蜀（姤）（☰☴）、未遂（遁）（☰☶）、申否（☰☷）、酉观（☴☷）、戌仆（剥）（☶☷）、亥夷（坤）（☷）。"徐善曰："此《归藏》十二辟卦，所谓商易也。"由十二辟卦很容易就会发现：复（☷☳）与仆（剥）（☶☷），临（☷☱）与观（☴☷），泰（☷☰）与否（☰☷），大壮（☳☰）与遂（遁）（☰☶），钦（夬）（☱☰）与蜀（姤）（☰☴），是颠倒卦，后来称这种卦为"综卦"。依此类推屯（☵☳）与蒙（☶☵），师（☷☵）与比（☵☷）等，也是"综卦"。有些卦正倒都是相同的，譬如乾卦（☰），夷（坤）卦（☷），颐（☶☳），大过（☱☴），莘（坎）（☵☵），离（☲☲），马徒（中孚）（☴☱），小过（☳☶）。虽然这些卦没有"综卦"，却有与之完全反对称的卦，后来称之为"错卦"，如☰与☷，☲☲与☵☵等。这样就组成了错综对偶的卦序，这就发展到了现行本《周易》的卦序。而商易《归藏》的十二辟卦，正是从连体卦序向对偶卦序的过渡，为对偶卦序打下了基础。与此同时在卦象、卦意中亦增添了辩证内容。

4．关于卜筮的讨论

关于易学的占卜功能，是不能回避的，夏易《连山》、商易《归藏》乃至《周易》都是占卜的工具书。占卜风气夏代已经风行，商代达到顶峰，几乎凡是国家大事都要卜筮，到周代卜筮已经开始转向理性化。但是，不能因此就认为古代易学典籍就仅仅是占卜之书，这种认识是片面的。

其一，易学有其时代精神的宣倡性。譬如夏易《连山》以艮为首卦，艮为高山，君之象也，象征君王至高无上的权力和地位，崇尚高山那种威壮雄武和坚定沉稳之性格。山又是财富、资源、宝藏之来源，对山的崇拜是夏代的时代精神。商易《归藏》则以坤为首卦，坤象征大地，巨大宽厚的包容性，容纳万物、滋养万物的道德情怀，成为商代的时代精神。

其二，《易》有正天时统人事之功能。夏商周首卦不同，盖寓三统之义。夏后氏建寅，以正月为岁首，为人纪。天地二十四位，艮建于寅，万物终乎艮，又始乎艮也。商人建丑，以十二月为岁首，取丑未之冲，为地统。坤为地，万物莫不归藏于其中。三统三正，《汉书·律历志》有云：

> 三统者，天施、地化、人事之纪也。周正建子为天统，商正建丑为地统，夏正建寅为人统。天统阳气伏于地下，始著为一，万物萌动；地统阴气受任于太阳，继养化柔，万物生长，茂之于未令，种刚强大；人统万物棳通，族出于寅，人奉而成之，仁以养之，义以行之，令事物各得其理。

统，即统三正。"正者，正也。统致其气，万物皆应而正。统正其余皆正。"正如夏之时以"小正"而授民以时，导民以农耕、桑麻，祭祀、祝祷、田猎、采集、节庆、婚礼，而成易历之作用。

其三，《易》之卜筮功能。在伏羲之前，人对自然的反映是直观的。对简单的自然现象例如白昼之后必然是夜晚，一年之内总是冷了又热，热了又冷，这时人们用不着卜筮以预知未来。只是到了文明日进，人事繁多，利害交错之时，想了解今后更确切的事态发展，才产生了预测未来的需要，才产生了卜筮。[1] 严格来说，"卜""筮"是有区别的。"卜"主要是以龟卜为主，以龟板在灼烧之后出现的"兆"，来判断吉凶的方法，类似的还有骨卜等方法；"筮"是以蓍草的茎进行揲、营、扐、闰，十有八变而成卦的方法，通过卦象及其变化而分析吉凶。从考古文物看，卜筮现象十分古老，在贾湖遗址（距今7000多年）就发现有背甲、腹甲扣合完整的龟壳，龟壳中装有数量不等的小石子，被认为是作占卜的工具。此外在仰韶文化晚期的河南淅川下王岗遗址，龙山文化的山东城子崖遗址，都有骨卜痕迹。

占卜的方法很多，有龟卜、骨卜、蓍卜等，而以用龟板灼烧的龟卜和用蓍草演算的筮卜为主。龟卜成本很高，许多龟板多取自江河中，另外有些是海龟，一般是王室和贵族使用。而蓍草在中原较普遍，平民也用得起。蓍草是民

---

[1] 李树菁遗著，《周易象数通论——从科学角度的开拓》（44页），光明日报出版社，2004.

众用来计数和演算的算筹，后来又可以用小竹棍（称为策）代替。如前所述，筹策就是用来作计算的，同时也可用来推算命运的吉凶祸福。

原始人类经过茹毛饮血的时代，逐渐产生灵魂不死的观念。这可能是从梦的经历开始的，认为身体之内还有一种不受身体支配的灵魂，人死之后，灵魂就脱离身体继续存在。所以对死人的葬礼十分隆重，墓葬的器物十分丰厚。随着灵魂不死的观念而来的是对鬼神的崇拜，这不死的灵魂就是鬼神，首先是对祖先的崇拜，再就是对有无穷力量的自然力的崇拜。对风、雨、雷、电的崇拜都十分执着，因为这些都关系着农业的收成。随着智力的拓展及生产能力的提高，人们开始寻求摆脱自然力的控制，想预测未来可能的变化与命运的走向，这便产生了巫术与占卜。

从这个角度看，占卜是人类文明的一种进步。"巫术、占卜毕竟包含着人类最早的摆脱自然力控制的努力，包含着人类最早的把握自然规律的愿望。它试图探究事物背后的因果关系，试图对复杂的现象给予合理的解释，这一切又与科学有共同之处。"[1]诚如弗雷泽所说："巫术与科学在认识世界的概念上，两者是相近的。二者都认定事件的演替是完全有规律和肯定的。并且由于这些演变是由不变的规律所决定的，所以它们是可以准确地预见到和推算出来的。一切不定的、偶然的和意外的因素均被排除在自然进程之外。"[2]尽管巫术、占卜的方法与结论都是错误的，但是那种积极探索的精神有着巨大的价值，是走向正确认识的不可或缺的重要一步。占卜现象较之崇拜来说，是原始人类走上了又一个台阶。而华夏民族的占卜现象更是在对自然原型有广泛观察与总结归纳的基础上进行的，就离科学更近了一些。

> 象事知器，占事知来，天地设位，圣人成能。人谋鬼谋，百姓
> 与能。

> ——《周易·系辞下》

这段话是说，观察自然界的万事万象可以知道制造器具的方法（这就是现代仿真学、仿生学的方法），循事理而占卜事情可以知道其发展的倾向（对未来预测），在天覆地载的总体框架下，圣人可以成就其能。人谋（人认识规律而设的谋略）、鬼谋（人们尚不能掌握的则通过卜筮由鬼神谋之）也能助百

---

① 吾淳，《古代中国科学范型》（102~105页），中华书局，2002.
② ［英］詹·乔·弗雷泽，《金枝》（上）（76~77页），中国民间文艺出版社，1987.

姓一臂之力。龟卜是通过对龟板灼烧后出现的裂纹形状来判断事物的吉凶，这里面的规律性不是十分清楚，所以"鬼谋"的成分多一些；而用蓍草的筮卜，是建立在算筹求算和卦象分析的基础上，其中有许多观察和计算的规律性，"人谋"的成分多于"鬼谋"。因此"龟卜"在夏商时占主导地位，而到周时则渐衰，到现代龟卜基本已经失传了。从这里可以看到，古代先民逐渐摆脱对卜筮的完全相信，只是对阴阳不测的部分才相信卜筮。

"逆知未来"是人们一种探索的愿望。清初孙夏峰在《读易大旨》中提出："卜筮是理，理亦是卜筮。""卜筮者不过求决狐疑，神明吾心而已。""师友问答，博学审问，慎思明辨笃行"这些皆是"卜筮"，[①]皆是通过各种渠道掌握信息，明理辨性解决疑难问题的方法是也。正因为卜筮之中有科学信息，有义理内容，所以，《易》在学术昌明之时，可以从"卜筮"而跃变为"哲理"。[②]

---

① 李树菁遗著，《周易象数通论——从科学角度的开拓》，光明日报出版社，2004.
② 商宏宽，卦象符号·卜筮·治国方略——易史浅析之一，《第七回世界易经大会暨第十五届周易与现代化国际讨论会会议论文集》（126～133页），2004.

第二章

《易经》所折射的科学技术知识

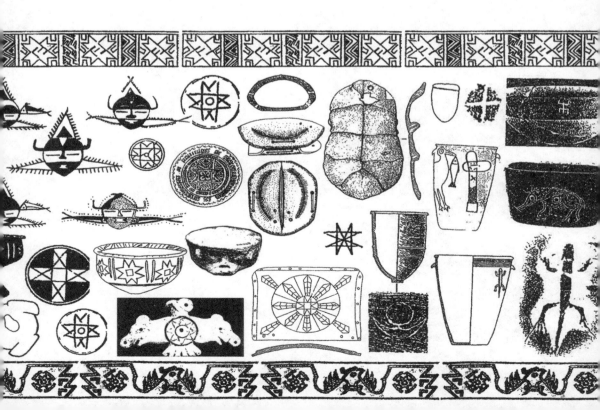

一、《易经》诞生的时代背景

1. 天邑商与蕞尔小国周

商继夏而踞中原，经历五百多年之经营而形成泱泱大国，时人皆尊称为"天邑商"。经过历代寰田垦荒，使中原畲田连片，农业有显著发展。青铜器制造以及各种手工业都是以服务于王室的形式发展起来，服牛乘马使生产力提高。尤其是武丁中兴之后，殷商之世达到鼎盛。妇好（武丁之妻）曾率兵上万之众，战车、辎重数百，可见实力之雄厚。司（后）母戊鼎见证了当时的冶金铸造业的成就。当时所用的卜龟及货币贝，大批来自南洋，玉器有些是来自和田，铜矿有的是远自湘赣。说明商朝物流辐射半径之广。甲骨文已经相当成熟，象形字已经够用，形符（部首、偏旁）逐渐定型，通假字出现，虚字亦露端倪，并且卜辞的词句结构已基本成为造句原则，商之雅言已经成为华夏地区语言的主流。当时已经开始重视对贵族子弟的教育，有武学教育，有宗教仪礼及音乐教育，有下庠之小学教育，也有右学（大学）教育。从经济、政治、军事、文化等各个方面，殷商都堪称华夏之主流。

而周则是偏居西隅的小国。在武丁时代之前，周并不臣属于商，而且在商的卜辞中有"敦周""戈周"的记载，说明商周之间曾有过战争。武丁之后周依附于商，卜辞中有"令周""命周侯"和"晋周方伯"的提法，周被册封为方伯。这时在周人的祭祀中曾祭奠商人之祖先成汤、太甲乃至始祖帝喾。在周王季历之时，周受商文化之影响，逐渐壮大，并开始替商效劳进行对边陲方国之争伐。先后讨伐余无之戎、始呼之戎、翳徒之戎，而势力显露，受当时的商王文丁猜忌而诱杀周王季历。后文王继位，则商周关系恶化。这时的周已经是蒸蒸向上之势，而商则是盛极而衰。文丁死后，帝乙继位，为了缓和殷周的局势，则将其妹嫁给文王，才有"帝乙嫁妹"的记载。这时的商虽然强大，但已经走下坡路，周虽然小，却逐渐强盛，乃至商王不得不另眼看待，既需利用，又需防范，这种局面在帝乙时期两国相安无事。

2. 文王拘羑里而演《易》

帝乙死后，纣王当政时，生活糜烂，好酒好色，大兴土木修筑苑囿鹿台，不理朝政。他非常残暴，对给他直谏的大臣不是施酷刑至死，就是投入监狱。而当时的周却实行仁政，礼贤下士，广纳人才，一些在商朝被逼逃难的官员、贤士纷纷投奔西岐。周发展很快，附近的小部落方国均投奔文王之麾下。这时崇国（在陕西户县附近）受到周的威胁，就向纣王进谗，说周招降纳叛，将对商不利。纣王便命西伯昌（文王）来朝歌觐见而被囚禁于羑里（今安阳市汤阴县羑里城），一关就是七年。

文王被拘禁于羑里之时，《易》已经大行于天下，有《三坟》《八索》、有夏易《连山》、商易《归藏》以及各种卜筮之法。当时文王身陷囹圄，不得自由。他所能做并赖以消磨时间的，就是用蓍草演易。文王经历七年囚禁生活，表面看起来十分平静，甚至有些木讷，即使长子伯邑考被杀，用其肉作饼给他吃，他也佯装不知，其实胸中已是惊涛骇浪，全局在胸。

> 易之兴也，其于中古乎？作易者，其有忧患乎？……易之兴也，其当殷之末世，周之盛德邪？当文王与纣之事邪？是故其辞危，危者使平，易者使倾。其道甚大，百物不废，惧以终始，其要无咎。此之谓易之道也。
>
> ——《周易·系辞下》

这正是文王拘羑里演易的真实背景。被囚禁七年，文王忍辱负重，表现得颇为顺绥、平和，还有些木讷呆滞，人也很苍老，监视他的人都觉得这老头子已经没有什么作为。西岐又贡献美女、珍奇异宝，纣王大悦曰："此一物足以释西伯，况其多乎！"于是就赦免了文王，还赐给他弓箭斧钺，可以代替商王征讨叛逆之事。

文王获释之后，按部就班地实施其翦商计划，经营岐山，访贤营国，灭犬戎以固后方，伐黎（上党之地）、邗（河南沁阳），已经逼近商的大本营，灭崇国扫除东进的障碍。此时文王病体沉疴，已经不能完成翦商大业，只得交给其子姬发（武王），为武王伐纣打下了基础。

3．周建国之初的动荡

武王克商之后，商之遗民势力尚在，还有相当的军队，纣王之子武庚仍有一定的威信。武王与周公、姜太公商议，决定采取安抚之策，封武庚于商都承续殷祀，实施其祖盘庚之德政。并封武王之弟分别驻守管、蔡、霍三地，建置三监，以防武庚叛乱。两年之后武王病故，成王年幼，周公辅政监国，管叔、蔡叔不服，并勾结武庚联合徐、奄共同反叛，形势异常危急。经周公、召公和姜太公的努力镇压，扫平了徐、奄，稳定了局势。周采取分封诸侯的策略，以姬姓、姜姓和古代帝王先贤（如尧、舜、禹）的后代分封治理各地，而自称天子。商朝的官吏、百工一切有用人才，都纳入周制起用，逐渐形成了一个稳定的贵族阶层联合于天子麾下的封邦建国体制。

4．《易经》的形成

华夏地区有着悠久的《易》文化传统，古易《三坟》、夏易《连山》、夏时《夏小正》、商易《归藏》都成为《易经》形成的基础。商王朝由盛而衰，周由弱而强，最终取代商殷而得国，这是一个大变革的时代，这就是《易经》形成的时代背景。

《易经》由卦名、卦符、卦辞、爻辞组成。一般认为卦名、卦符、卦辞是由文王确定与编撰的，爻辞是由文王之子周公旦添补的。下面介绍《易经》经文（卦辞、爻辞）中折射出的科学技术知识。

二、从六十四卦看《易经》总体把握社会问题的能力
兼论《易经》的特点

1．六十四卦每卦中心主题的扫描

六十四卦，每卦都有一个中心主题，这个主题或者是事物性质的表征，或者是所处境遇的表征，笔者根据主要文献初步归纳罗列于表3之中，几乎涵盖了当时人文社会的各个方面。

表3 《易经》六十四卦各卦中心主题简表 [1]

卦名	卦符	象征含义	卦名	卦符	象征含义
乾	䷀	阳刚的性质，代表天	坤	䷁	阴柔的性质，象征地
屯	䷂	草创之艰难	蒙	䷃	蒙昧幼稚
需	䷄	需要，期待	讼	䷅	争讼
师	䷆	群众，军队	比	䷇	比附，辅助
小畜	䷈	小有积蓄	履	䷉	践行
泰	䷊	通泰	否	䷋	闭塞
同人	䷌	赞同，应和	大有	䷍	丰厚，丰收
谦	䷎	谦虚，勤	豫	䷏	欢乐，怠
随	䷐	随从，追随	蛊	䷑	事，故事
临	䷒	莅临	观	䷓	察看，遍观
噬嗑	䷔	咀嚼，玩味	贲	䷕	文饰，文化
剥	䷖	剥落，剥蚀	复	䷗	复归，反复
无妄	䷘	无妄谬之行	大畜	䷙	丰厚的积蓄
颐	䷚	颐养	大过	䷛	大事错误，越出常轨
坎	䷜	险陷之境	离	䷝	附丽，光明
咸	䷞	相互感应	恒	䷟	恒久
遁	䷠	隐退，隐遁	大壮	䷡	大而强壮
晋	䷢	前进，上进（昼）	明夷	䷣	光明泯灭（夜）
家人	䷤	家庭之事（内）	睽	䷥	乖离（外）

---

[1] 高亨，《周易大传今注》，齐鲁书社，1987；李申主编，《周易经传译注》，湖南教育出版社，2004；朱熹注，《周易本义》，《四书五经》上册，天津市古籍书店，1988；李鼎祚，《周易集解》，中华书局，1984。同时参照《杂卦传》内容。

卦名	卦符	象征含义	卦名	卦符	象征含义
蹇	䷦	险难在前	解	䷧	解脱险境
损	䷨	损失，减损	益	䷩	助益，增益
夬	䷪	决断	姤	䷫	遇合
萃	䷬	集聚（缩）	升	䷭	上升，升迁（伸）
困	䷮	窘困之境	井	䷯	井以养人（通）
革	䷰	革命，改革（去故）	鼎	䷱	鼎新（创新）
震	䷲	大的变动（动）	艮	䷳	止
渐	䷴	渐进	归妹	䷵	嫁，遣嫁
丰	䷶	成就很大（多故旧）	旅	䷷	旅行于外（寡亲）
巽	䷸	循循教导（入）	兑	䷹	使人喜悦（现）
涣	䷺	水流无阻，涣散	节	䷻	节制，节度
中孚	䷼	忠信守诚	小过	䷽	小事错误
既济	䷾	事已成	未济	䷿	事尚未成功

注：此简表以《序卦传》顺序排列、参考。

从表3中所列各卦的中心主题可知，《易经》是经过深思熟虑的产物。首先它以乾、坤两卦为基础，乾六爻、坤六爻区分了阳爻、阴爻的性质、功能以及不同发展阶段可能面临的问题与机遇，成为整个《易经》的纲领。其他各卦都有乾、坤的影子，故有"乾坤，其《易》之门邪"之论。其二，它根据卦爻的综错结构而形成相互对待的中心主题，对待两卦之间既有差别，又有互辅，相反相成，互相转化。又从爻变流行之中使各卦之间形成一种复杂的关系网络，为解决复杂的社会问题寻找一种有效的途径。其三，六十四卦各卦的中心主题，实际相当于对各种社会境遇的预设，是文王被囚禁于羑里时对各种社会问题的预设，是周公在处理国事时所遇到困难的预设，是深思熟虑的经验，绝不是卦爻符号简单拼凑的即兴之作。这种境遇预设并非是静止的，而是随时间进程，也就是随着爻位的递进，呈阶段性变化，并将可能遇到的困难、危险、机遇、风险评估、相应的对策给予相应的提示。有人说《易经》是算卦的，这是表面之见。从深层理解，应该是具有丰富哲理的治国方略的社会学典籍，同时它还盛载着历代易学的宝贵经验，是集大成之作。

2．《易经》的特点

其一，时代精神之改变。夏易《连山》崇尚山之雄武，认为山是财富之来源；商易《归藏》崇尚地之博大，滋养、容纳万物；而周易《易经》则兼合两者，坚持天的刚健自强不息，地之顺绥厚德载物。夏易首艮，建正于寅为人统；商易首坤，建正于丑为地统；周易首乾，建正于子为天统。象征着时代精神之改变与易历系统之变化。

其二，忧患意识浓重。初读《易经》，卦卦皆危，随处都有悔吝凶咎的警示，流露出忧患意识。小心谨慎的处事哲理与治国安邦的宏图大业相映成趣。以龙自喻的乾卦，就有"潜龙勿用"，"君子终日乾乾，夕惕若"的韬晦之策，有"飞龙在天"的盛世，又有"亢龙有悔"的警示。坤卦中更有"履霜，坚冰至"，"含章"，"括囊"等内刚外柔功夫。有"其亡，其亡，系于苞桑"，"大君有命，开国承家，小人勿用"等治国方略。这可能和文王作易时所处的险境和周公补辞时所处的艰难环境有关系。

其三，侧重社会问题，增加了人文内容，自然易内容有所削弱。《周易》和夏易《连山》、商易《归藏》不同，《连山》《归藏》之中有许多关于自然观察及其规律的记载，而《周易》更侧重社会问题和人文内容，而使自然易的内容削弱，向治国牧民方向转变。说明当时的主要矛盾是社会各阶层、各集团之间的矛盾，标志着国家化程度的提高，社会组织能力增强，人与自然的矛盾让位于人与人之间的矛盾。

其四，《易经》开始从卜筮向哲理的转化。虽然《易经》在内容及结构形式上仍然保留卜筮的特点，还保留贞问和吉、凶、贞、悔、吝、咎之断语，但是注意阐述其中的道理。这里更注重对事情性质、人事的道德标准以及治国方略等方面的论述，而卜筮的功能减弱了。

其五，注意事态的发展与变化。每卦皆围绕一个中心内容，又依据各爻从初→上，有递进态势发展，并且对二、五爻位尤为重视，在分析事态发展中，重视事物发展的阶段性，有一定内在逻辑联系着，有哲理化的趋势。

其六，注意事物对待双方的转化。对事物有对待特点的认识，在古《三坟易》中就开始有所认识，但在《易经》中就成为一种指导思想，认为事物都是一对一待的。有阴就有阳，有高就有卑，有昼就有夜，有寒就有暑。阴阳之间是可以消长的，高卑是可以转换的，昼夜之间是可以交替的，寒暑之间是循环往复的。进而更对意识形态领域中的泰⇌否、损⇌益、既济⇌未济等的探索，增进了辩证思维的能力，并认识到物极必反的道理，使之更进一步向哲理化转变。

其七，卦爻符号简化、统一，形成体系，并从连体卦序向对偶卦序发展。原始的八卦只有图形，之后发展为象、数表示的符号，这种符号开始并不统一，甲骨文中发现用数字表示的卦，奇数表示阳，偶数表示阴，最后统一为"▬"阳，"▬▬"阴。爻符号统一之后，卦的六爻整齐，卦爻之间的相反相成关系就一目了然，卦之间的"错""综"关系就引起关注，对待思想更显明，连体卦序就向对偶卦序过渡，从而促进辩证思维的建立。

综上所述，易学的发展是与社会的演进息息相关的，是随着社会的生产力、生产关系与社会结构乃至社会矛盾的变化而变化的。从这种变化之中，我们可以把握易学从卜筮之书向哲理之书转化的脉络，同时更能体会到这种转化的必然性。

三、《易经》对自然的认识

前言曾提及《易经》并非自然科学著作，其宗旨也不是讨论自然现象，不能要求它对自然现象阐述得准确与严谨。况且周代之易更侧重于社会问题，而对自然方面的描述有所减弱。从这个角度看《易经》可能还不如《夏小正》谈自然现象丰富。但是从经文的字里行间尚可折射出一些零散的自然知识，存留有古人对自然认识的痕迹，可以间接地看出当时人们对自然认知的程度。

一般来讲，《易经》经文中所谈的自然之象，首先是自然界存在的现象，称之为"自然原型"。进而，是用这个"自然原型"象征什么事物，称之为"拟象"。最后以此比喻社会上的什么信息，称之为卦爻的"寓意"。例如

"明夷"→太阳落山了（自然原型）→黑夜（拟象）→人进入逆境而韬光养晦（寓意）。在本文中，只谈自然原型，因为这才是自然界确实存在的现象，是实有的知识。而拟象以及卦爻的寓意则是结合具体卜筮者的条件而推论发挥的，虽然这些分析与推理也隐含着深刻的哲理，但对我们了解现实的自然知识来说，易引起混乱。拟象中常有从卦爻组合中分析的象，如离可以象征日，又可象征火；坎可以象征月，又可象征水。从爻象分析中可以提出日月相望，也可以解释为水火相射，这不是真实的日月相望，也不是真实的水火相射，因而不是真实客观的自然知识了。我们在谈自然现象时，更重视自然原型所反映的自然现象，特此说明。

1．天文历律方面

易学的发生与发展是和观天象定历法有密切关系的。[1]《易经》六十四卦的卦辞和爻辞，有些是以日月五星和二十八宿等星象为基础构筑起来的。[2]在此仅略举几例。

其一，履卦象征天象为奎宿，奎宿十六星组成鞋底形状，为西方白虎七宿之一（图31）。因其在虎之尾部，故有"履虎尾，不咥人，亨"的卦辞。

又《史记·天官书》有云："奎曰封豕，为沟渎。"故有"将有沟渎之

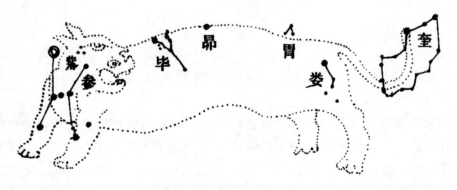

图31 西方白虎七宿示意图

---

①田合禄、田峰，《周易真原——中国最古老的天学科学体系》，山西科学技术出版社，2004；尚惠民，《易源探赜》，解放军外语音像出版社，2008.
②乌恩溥，《周易》星象通考（一）（二），《周易研究》第二期、第三期，1999.

事占于奎"之说（《唐开元占经》）。西方白虎七宿星官是主治刑狱的，治狱之道，也就是奎星之道，也称其为履道。"九二，履道坦坦，幽人贞吉"，是说奎是治刑狱之道公平正直，幽人（囚犯）能得到公平审判，故贞吉。

其二，恒卦之天象为龙心大火，恒字为心在天地之间永不止息地上下跳动，谓之"恒"。而其象好似青龙之"心宿"，石氏（石申）曰："心为天相，一名大辰，一名大火，一名天司空。""恒，九四：田无禽"，是指心宿在卯，属东方甲乙木，其时为春，正值草木萌发，鸟兽繁育雏幼季节，不宜田猎。"田无禽"的"无"当为"毋"，是不应当进行田猎之意。这也是古代根据星象、节气、物候而提出的环境保护措施。

其三，夬卦，其天象为火星荧惑。《天官书》曰："荧惑，火之精，其位在南方，赤帝之子。"《尔雅·释天》曰："荧惑，一曰罚星，或曰执法。""为旱灾、为饥、为疾、为乱、为死伤、为贼、为妖，言大恠也。""恠"俗"怪"字，而夬卦之"夬"取"怪"之谐音。《黄帝占》曰："荧惑出角中道，天下太平；出阳道，旱；阴道，多雨。"故有"夬·九五：苋陆，夬夬中行，无咎。""苋陆"，也就是俗称马齿苋，春天萌生，比喻春季，荧惑（火星）沿着角宿之间中道而行，无有灾咎。

其四，归妹卦之天象为月，这继承了商易《归藏》，张衡《灵宪》曰："月者，阴精之宗，积而成兽象兔，阴之类，其数偶。"并引《归藏》曰："羿请无死之药于西王母，姮娥以之奔月，将往，枚筮之于有黄，有黄占之曰：'吉，翩翩归妹，独将西行，逢天晦芒，毋惊毋恐，后且大昌。'姮娥遂托身于月，是为蟾蜍。"

还有许多卦都有对应的星象，就不一一列举了，有些和观天象关系密切，有些尚值得探索，确有此一说而已。除此之外有些卦辞谈到了天象，值得重视。

例一 有陨自天

　　姤·九五：以杞包瓜，含章，有陨自天。

从天上掉下陨石，虽然是稀少的自然现象，但在周代已经是常识。因为我国古代最早的陨星记载是《竹书纪年》："帝癸（夏桀）十年五星错行，夜中陨星如雨，地震，伊洛竭。"而1972年在河北藁城县出土的商代铁刃铜钺，所用的铁就是陨铁[①]。说明商代已经利用铁陨石了。"有陨自天"说明天上的流星落到地上就是陨石，星陨为石为铁成为一种罕见的天象。这里，"杞"，是一种白粱粟，是粟中之佳品，用杞包裹甜瓜是当时十分奢侈的食品。"含"为戕，为讨伐。"章"，影射为"商"，实为讨伐殷商。这里是说，商纣王过着奢靡的生活，暴殄天物，应遭受天之惩罚，商之陨灭是天意[②]。如果记述的是当时的真实天象，那么，"有陨自天"的现象，就是武王克商的时间坐标。

例二　日中见斗

> 丰·六二：丰其蔀，日中见斗，往得疑疾，有孚，发若吉。
>
> 九三：丰其沛，日中见沫，折其右肱，无咎。
>
> 九四：丰其蔀，日中见斗，遇其夷主，吉。

高亨解释为："丰"，大也；蔀，棚也，院中搭席棚以蔽夏日。"斗"当为"主"，假借为"烛"。"疑疾"指一种精神病。六二爻辞大意是："有人焉，院中搭大棚，室中黑暗，日中之时燃烛以取明，弃大明而用小光，有所往而得疑疾，此乃鬼神加罚，拨开席棚则吉。"九三爻"沛"为"旆"为幔账之类以蔽门窗，"沫"为"魅"，"肱"为"臂"。大意是："有人焉，大其布幔以蔽门窗，日中之时忽见妖魔，惊骇而仆，折其右臂，医之而愈，故无咎。"九四爻，"斗"为北斗星，爻辞大意："有人焉，大其院中席棚，以蔽夏日，日中之时忽逢日蚀，见斗星，似非吉兆，但出行见遇旧主，而吉。"[③]高亨对六二和九四同为"日中见斗"解释却不同，不知是何原因。

李申主编的《周易经传译注》对六二爻的解释："阴影越来越大（指日蚀），白天出现了星斗，出门观看产生了严重的怀疑，心有诚信从而阴影散去，吉祥。"对九三爻的解释："好像张开了帷幔，白天出现了小星星（沫，指小星）。折断了右臂，不受责备。"对九四爻的解释："阴影越来越大，白天出现了星斗，遇到了旧主人，吉祥。"[④]李申是以日蚀的现象解释日中见斗和见沫的。

①杜石然等，《中国科学技术史稿》（上）（89页），科学出版社，1984.
②高亨，《周易大传今注》（379页），齐鲁书社，1987.
③高亨，《周易大传今注》（448～449页），齐鲁书社，1987.
④李申主编，《周易经传译注》（171页），湖南教育出版社，2004.

徐振韬则认为"日中"不是指太阳在中午，不是指时间，而是指空间，是指在太阳当中见到了像斗大的和更小一点（沫）的阴影，这是对太阳黑子的描述。[①]为什么白天可以看见太阳中的黑子呢？这与丰其蔀"沛"有关，这个蔀（沛）可能是一种蔽光而又能稍微透光的材料。而杨伟国则认为是沙尘暴蔽日而能达到此种效果。[②]

到底是日食现象还是太阳黑子现象，尚待深入探讨。

例三　月相观测

> 小畜·上九：既雨既处，尚德载。妇贞厉。月几望，君子征凶。
>
> 中孚·六四：月几望，马匹亡，无咎。
>
> 归妹·六五：帝乙归妹，其君之袂不如其娣之袂良，月几望，吉。

上述三卦均有"月几望"。"几"为"既"，"月既望"是每月（阴历）十六～二十三日这段时间。周代人对月相观察有专门词语，在周金文中常见。这种以月相计时的习惯起源很古老，前述半坡"人面鱼纹图案月相图"（图6）就已经存在。认为一年有十二个月亮相继而生而亡，从新生月→望→死（晦），约三十天。按月相分之为哉生霸（初吉）、既生霸、既望、既死霸，称为"月相四分术"[③]（如图6后之表，见本书的21页）。

"古人已知月食必发生在望……月食自然不是吉象，为避免撞上月食，那么在望后（既望）就比较安全。"[④]这就是"月几望，吉、无咎"的道理。

例四　七日来复

> 蛊：元亨，利涉大川，先甲三日，后甲三日。
>
> 复：亨。出入无疾。朋来无咎。反复其道，七日来复。利有攸往。
>
> 震·六二：震来厉，亿丧贝，跻于九陵，勿逐，七日得。
>
> 既济·六二：妇丧其茀，勿逐，七日得。
>
> 巽·九五：贞吉，悔亡，无不利，无功有终。先庚三日，后庚三日，吉。

[①]徐振韬、蒋窈窕，日占源流和丰卦太阳黑子记事，《周易与自然科学研究》，中州古籍出版社，1995.
[②]杨伟国，《从信息思维看古天文对华夏思维的影响》，天地生人学术讲座第156讲，1997.
[③]王国维，《生霸死霸考》，《观堂集林》（6～10页），河北教育出版社，2003.
[④]吴克峰，《易学逻辑研究》（389～390页），转引自卢央《易学与天文学》，人民出版社，2005.

临：元亨。利贞。至于八月有凶。

上述几条都涉及天运周期问题。首先，从一年来看有七月来复的周期，殷周之际，一年十二个月，前六个月阳长阴消，后六个月阴长阳消，是隔七个月而反复。前述十二辟卦具有隔七月恰好相反的规律，所以临卦（䷒）由"至八月有凶"变为遁（䷠），恰是临之错卦（见表4）。

表4　十二辟卦与隔七相错表

卦符	䷗	䷒	䷊	䷡	䷪	䷀	䷫	䷠	䷋	䷓	䷖	䷁
卦名	复	临	泰	大壮	夬	乾	姤	遁	否	观	剥	坤
地支	子	丑	寅	卯	辰	巳	午	未	申	酉	戌	亥
月份	一	二	三	四	五	六	七	八	九	十	十一	十二

其次，从每月来看有七日来复的周期，每个月三十天，分为三旬，一旬十天，分别以天干表示为甲、乙、丙、丁、戊、己、庚、辛、壬、癸。先甲三日为辛日，后甲三日为丁日，由辛经甲到丁，共七日。先庚三日为丁日，后庚三日为癸日，由丁经庚到癸，共七日。也是七天一个周期。这与日、地、月三个星体运行周期有密切关系。月绕地运行其轨道为椭圆形，有中地点、远地点、近地点之分。绕地球一周若从中地点起算，则共有四个单元，即由中地点→远地点→中地点→近地点→中地点，完成一个回合，每个单元为6.89天，相当于七天，这就是七日周期的天文背景，故有七日来复之说。

最后，从更长的多年尺度看，又有七年的周期。月绕地球一周，因为地球也在绕日运动，所以回不到原来的起始点。而真正能回到干支纪年开始的月亮特征点的位置，也是隔八年重合一次，也是七年来复（图32）[①]。

月尺度有七日来复，年尺度有七月来复，多年尺度有七年来复。而《易经》的卦爻也是从初爻、二爻、三爻、四爻、五爻、上爻，到七爻就又回到了初爻，也是逢七而复。这就是易学天运周期的根本所在。殷商时代乃至夏和三皇五帝时代的易学思想都和观天象制历法有密切关系，《周易》继承了这个传统，所

---

①郑军，《太极太玄体系》（36～47页），中国社会科学出版社，1992.

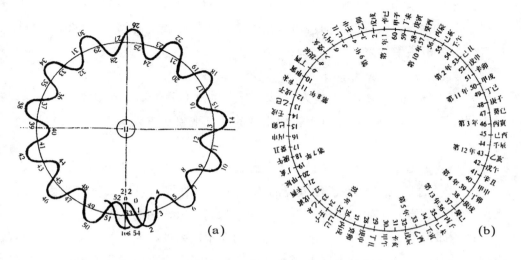

图32 日、月、地运行示意图

(a) 月亮运行轨迹在黄道面上的投影

(b) 回归年（对月回归周）的隔八相生（干支纪年历年开始时的月亮特征点位置）

以有人就将易学称之为"易历体系"。前述的八风八节，二十四节气，都与七日（7±0.5日）的倍数有关系。这种周期性是自然界一种韵律，是客观存在的，在潜移默化之间影响着世间万物。这种周期对人体生理周期亦有密切影响，如妇女的月经周期28天，人的智力周期也是28天等，称之为生命节律。

2. 物候方面（包括气候）

物候学是一门十分古老而又实用的学问。它来源于人们广泛的生活、生产实践。是将事物变化与时序进程联系起来，以确定季节演替和生物（特别是庄稼）的生长节律，并指导人们的生产与生活，对农业生产有重要意义。

例一 观云知雨

小畜。亨，密云不雨，自我西郊。

这里说的"密云不雨"，在城的西郊，正在酝酿一场雨，见密云而知有雨即将来临。

小畜·上九：既雨既处，尚德载。

这里是说雨下下停停，地虽湿润，尚可以载车。闻一多认为"德"为"得"，"载"为"菑"，即耕田。是说雨下下停停，地湿润正好耕田。这就将气候与耕田联系起来。

离·六二：黄离，元吉。

"离"可视为"螭"，是为龙形之云气也，亦称为霓，俗称为虹。是雨过天晴，阳光照射之下，水汽上腾而出现的天气现象。古人认为是一种吉祥之征兆。

离·九三：日昃之离，不鼓缶而歌，则大耋之嗟，凶。

这里说的是太阳西下之时出现的"螭"，一般预示着未来将有阴雨，俗话说"西天火烧云，明天雨淋淋"。"耋"为老年人，古时认为"日昃之离"不吉祥，如果不击缶而歌以化解之，老人们会不高兴的，是不祥之兆。吉祥不吉祥，另当别论，但西天出现火烧云，第二天会变天会下雨是真实的征兆。

例二　履霜知寒

坤·初六：履霜，坚冰至。

当人们踏着霜地之时，就预示着寒冷的冬天将要来到，应该做好防寒的准备。霜者，阴始凝也。坚冰则是阴气大凝之时。

例三　物动随时

乾·初九：潜龙，勿用。

九二：见龙在田，利见大人。

九四：或跃在渊，无咎。

这里所说的龙，是华夏民族的图腾，并非真实存在的动物。但其原型之一，是中华鼍龙——扬子鳄[①]，这可以从濮阳西水坡M45号墓的蚌塑龙看出，其原型与鳄非常相似。其习性冬天处于冬眠状态，春天显现于池塘田野之间，喻示着人们可以下田劳作。夏季日晒强烈，鳄躲入深水避暑，而庄稼正处于灌浆成熟阶段。

中孚：中孚豚鱼，吉，利涉大川。利贞。

忠信的豚鱼，时至冬至日则来，十分吉利，易于过大河。豚鱼指河豚、海豚，冬至日辄至，渔民称之为"风信"。

---

①商宏宽，龙文化的本质是"和"文化，《龙文化和谐社会》（36页），中州古籍出版社，2009.

例四 反常有灾

上述的物候学知识和前述《夏小正》将一年十二个月的物候详细系统地记录下来，并以此指导生产与生活，而王祯《农书》给出的《授时指掌活法之图》则更有指导意义。实际物候学也可以判断时令的正与不正，是否有灾眚的标准。《洪范》有云："庶征：曰雨、曰旸、曰燠、曰寒、曰风。曰时，五者来备，各以其叙，庶草蕃庑。一极备，凶；一极无，凶。"这里明确指出雨、晴、暖、冷、风五者皆备，以时序而来，则草木繁茂；否则，不以时而来，或者极多，或者极少，这种反常的物候现象则成灾。[1]故物候学对判断年景之丰歉与灾眚是有一定作用的。这里仅举两个动物异常的例子。

其一，夬·上六：无号，终有凶。这里"无"字，当为"犬"，因形近而误。《墨子·非攻》有云："昔者三苗大乱，犬哭乎市。"犬哭号是动物的反常举动，是一种灾眚的征兆，邢台、唐山地震之前也曾有犬哭的异常现象。

其二，中孚·上九：翰音登于天，贞凶。"翰音"乃鸡之别称。平时鸡是不善于飞行的，鸡飞于天是一种异常情况，也是一种灾难的前兆。

3．自然灾害方面

自然灾害有两种，一种是人违背自然规律而妄作造成的，称为人为自然灾害；一种是人无妄作行为而受灾，所谓"无妄之灾"。《周易·无妄·象》有云："刚自外来而为主于内……天之命也。"这种灾害不是人为的，而是外在环境强加于人的自然灾害。[2]这里所说的就是后一种自然灾害。

其一，地震灾害。

震（䷲）：亨。震来虩虩，笑言哑哑，震惊百里，不丧匕鬯。

初九：震来虩虩，后笑言哑哑，吉。

六二：震来厉，亿丧贝，跻于九陵，勿逐，七日得。

六三：震苏苏，震行无眚。

九四：震遂泥。

---

①②商宏宽，中国古代的灾异观及其现实意义，《中国传统文化与现代科学技术》（298页），浙江教育出版社，1999．

六五：震往来厉，亿无丧有事。

上六：震索索，视矍矍，征凶，震不于其躬于其邻，

无咎，婚媾有言。

首先，震卦象征什么，象征一种激烈的震动，许多人比喻其为雷电。这是对的，但笔者更愿意将其比喻为地震。易学取象是灵活而又广泛的，所以将震卦比喻为地震也未尝不可。震为一阳在下，二阴在上，有阳伏阴迫之态势。《国语·周语上》的伯阳父有云："阳伏而不能出，阴迫而不能烝，于是有地震。"将震卦比作地震更贴切。

从震卦卦辞，爻辞分析，更像是对地震灾害的描述。古人比现在的人更接近自然，对一般的雷霆现象，早已习以为常，不会那样惊恐。"震惊百里"，说明影响区域之大，"跻于九陵"，说明逃跑避难距离之远，这都是打雷的威力所不及的，只有地震才能有如此大的威力。"震来虩虩"是说地震灾害发生，人们的恐惧状态。"笑言哑哑"，是说大灾之后的庆幸和议论状态。《象辞》中有一句解释更为重要："震来虩虩，恐致福也。笑言哑哑，后有则也。"恐惧可以给人带来福祉，因为经历了地震灾害，有了经验，有了办法（后有则）。所以灾难往往是对人的一种考验一种历练。大震来临，还能镇定自若，连手中的匕鬯都不曾丢掉，这样的人是可以有所担当，可以承受大任的。

"震来厉"，地震突然暴发，"厉"是"危急"之意，情况十分危急。"亿"为语气词如"惟"。"贝"指货币，财产，顾不得财产，赶快逃。"跻"为"登"，攀登过了九道陵（山岭）。"逐"是不要急于追寻财产，等一段时间大约七天，地震平静时，可以找回财产。这是说，地震来临时，逃离危险保护人命是主要的，财产是次要的，被压埋的财产待地震平静后是可以找回的。

"震苏苏"，离震源较远的地区，只有震动的感觉。"震行无眚"，不会造成灾难。"震遂泥"，地震时可以出现"喷沙冒水"的现象，到处有泥浆沙水。由于沙土液化而造成地基失效，房屋倾斜倒塌。"震往来厉"，余震频繁发生，这时不要来回乱跑，要在宽敞的地方避难，不会有太大的伤害。"震索索，视矍矍"，地震灾区的地总是索索晃动，人们的目光流露出恐惧。"震不于其躬于其邻"，地震虽然没伤着你的身体，却殃及了你的邻居，这时不能只顾自己，这会受到指责的，要积极地施行救助。

震卦讲述了人们面对地震灾害所遭遇的状况以及应采取的措施。通过危

险与恐惧的考验而总结出经验和对策，这就是"恐致福，后有则"的道理。在极震区能逃则逃，能躲则躲，保护人的生命要紧，财产则为其次。震时要镇定，要有避震常识，不能来回乱跑徒增危险。震时不仅要自救，还要提倡相互救助。[①]

其二，洪水灾害

涣（☴☵）：亨，王假有庙。利涉大川，利贞。

初六：用拯马，壮吉。

九二：涣奔其机，悔亡。

六三：涣其躬，无悔。

六四：涣其群，元吉。涣有丘，匪夷所思。

九五：涣其汗大号。涣王居，无咎。

上九：涣其血，去，逖出，无咎。

涣卦，坎下巽上，坎为水，巽为木，故水虽大而乘舟无咎。涣卦代表季春之月，这个月国王莅临祖庙进行享祭。《礼记·月令》季春之月有云：

天子乃荐鞠衣于先帝，命舟牧覆舟，五覆五反，乃告舟备具于天子焉。天子始乘舟……命司空曰："时雨将降，下水上腾。循行国邑，周视原野，修利堤防，道达沟渎，开通道路，毋有障塞。"

一旦有水灾发生则紧急救助。这种事前的救灾预案是非常重要的。

初六爻是讲水灾刚开始发生，用拯马（骟马）拉车，疏散灾民出灾区，马壮而事吉；九二爻是洪水奔涌而至，已淹到民居之台阶和门槛；六三爻则是洪水没人身，但救助及时无咎；六四爻是说水淹到村镇，原有救灾措施已发挥效益而元吉，洪水之大把高丘之地都漫过去了，真是很难想象；九五爻是说救灾的人大汗淋漓，紧急呼叫，洪水已经淹了王宫，因早有准备而无咎；上九爻是说洪水造成了房倒屋塌，有人受伤，救灾之人赶去安抚，并组织灾民疏散逃离灾区，远走他乡。洪水之灾如此之大，还能无悔、无咎，全仰赖早有救灾预案，并组织舟船队伍及时救助，才取得好的结果。

---

①商宏宽，《周易》对我国古代地震科学发展的影响，《中国历史地震研究文集》（2）（19～24页），地震出版社，1991.

四、《易经》对社会生产中科学技术的反映

1. 农牧方面

我国是一个农业发轫很早的国家。据考古发现，种黍、粟至少已有七八千年的历史，种稻也有六七千年的历史，农业生产的萌生当在万年以前。在中原地区，神农时代就已经以农业为主兼以采集和渔猎。夏商在垦荒上下了较大功夫，常是大集团行动，甲骨卜辞中常有："王令众人法田"，"令众口入羊方裛田"。"法田""裛田"，即是开发田地的活动，① 使可耕田在中原一带连成片。周氏族的始祖后稷就以农耕见长，其后代长期经营关中地区，克商之后继承了夏商以农业为主的传统使农业有了稳步发展。

其一，关于井田制

关于井田制，史家有许多争议，在此不多参与，仅谈一些大概情况。黄帝时期就开始有"井田制"的雏形，"井田始于黄帝，故可井处皆有公田"。夏代就曾有"井田制"，《夏小正》就有"农及雪泽初服于公田"的记载。② 周代通过分封诸侯而将"井田制"规范化了。分封诸侯时不仅赐国号服饰、礼器、赐命氏，更明确管辖的领地、人口，使之成为地缘政治单元，各级政权（封国及公卿、大夫属地）就牢牢地扎根于土地之上。

> 升·九三：升虚邑。

"虚"为"丘"，《说文·丘部》有："九夫为井，四井为邑，四邑为丘，丘即是虚。""升虚邑"，是说成为管辖四个邑的公卿。据《礼记·王制》有云：

> 农田百亩。百亩之分，上农夫食九人……下士视上农夫，禄足以代其耕也。中士倍下士，上士倍中士，下大夫倍上士，卿四大夫禄，君十卿禄。

是说九个农户养一个下士，四个下士的土地作为下大夫的俸禄，这就是

---

① 许倬云，《西周史》（27～29页），生活·读书·新知三联书店，2001.
② 方向东，《大戴礼记汇校集解》（140页，171～173页），中华书局，2008.

"邑"。四个大夫封地面积作为一个公卿的俸禄,这就是"虚邑"。而十个公卿封地面积就是一个诸侯的俸禄,这就称为"国君"。所以"升虚邑"已经到了公卿这个级别了。"邑"已经是小镇,"虚邑"就是较大的城镇,称之为"采邑",而君所在的都城就是诸侯国的都城了。这样就形成了"都城—采邑—邑"以农业为基础的农商贸易网络了。

> 井:改邑不改井,无丧无得。往来井井。汔至,亦未繘井,羸其瓶,凶。

井卦,是一个十分重要的卦。周时的农业,基本是靠天吃饭,水利建设很少,重要的水利建设都是春秋战国时的事。[①]农田灌溉主要是依靠井水。邑站生活用水也依靠井水,所以井是农业之命脉,也是生活的命脉。所以改邑不改井是不重视根本的做法,以至于往来之人饮水井干枯,也未能掏井,汲水之瓶瓮也碎裂了,一幅破败景象,实是凶兆。接下来对井的管理作了规定。

第一,井多年不淘洗,污泥灌满,井水不可饮用,要及时淘井;
第二,井水清洁,不能滋生杂物,引水之瓮不能破裂,坏了及时更换;
第三,保持井水清澈,随时便利饮用与灌溉;
第四,井壁坚实不能坍塌;
第五,井深淘,深凿,保持水寒冽清凉,水量丰润;
第六,井不用时或晚上要加盖封好。

其二,田间管理

> 乾·九二:见龙在田,利见大人。

"龙"(或者说鳄鱼)显现于田野的池塘中,说明春天来临。田为农夫劳作的场所,"龙"出现于田中,比喻"大人"活动于民间。《礼记·月令》孟春之月有云:"天子亲帅三公、九卿、诸侯、大夫,以迎春于东郊……行庆施惠,下及兆民……天子乃以元日祈谷于上帝。乃择元辰,天子亲载耒耜……躬耕帝籍。"又强调"王命布农事",是说天子对农事的重视。这种规定历来都有,执行得如何则千差万别。

> 小畜·上九:既雨既处,尚德载。

---

① 最早的水利排灌系统位于阜新勿欢池镇的一片12万平方米的古人类遗址中,距今3600年,相当于殷商早期,但这毕竟不是普遍现象。参见高建国著,《中国减灾史话》(36~37页),大象出版社,1999.

闻一多认为"载"当读"菑"，耕田也。是说雨时下时停，土壤墒情正好，适合耕种。

　　否·初六：拔茅茹以其汇。

　　泰·初九：拔茅茹以其汇。

此两处都强调要连根（茹）拔去茅草之类（汇）的杂草，以利于庄稼的生长。

　　无妄·六二：不耕获，不菑畬，则利有攸往。

菑为垦荒，殷周时期还是刀耕火种，首先将荒地的杂树杂草烧掉，冬季剥去树皮使之枯死，刨去根系，再次焚烧，草木灰可以肥田，这为第一阶段，称之为菑田；之后平整土地，疏解土壤，称之为新田；最后经过几次耕种，陇亩修整，有疆埒畎亩，可作良田，称之为畬田，也就是熟田了。[①]

对于此卦爻辞的解释，高亨认为：不耕不获，不垦荒就没有田地，从事商业或其他别的事业也可获利可以去做。王弼则认为：不耕种而获，不菑而畬，这种人有财有闲，故利有攸往。《礼记·坊记》引用此卦，是为："《易》曰：'不耕获，不菑畬，凶。'"是说这种不劳而获，不开荒而有田，是一种凶兆，因为"以此坊民，民犹贵禄而贱行"。孔子认为还是以"先事而后禄"才是正理。[②]正如《诗经·伐檀》所抱怨的："不稼不穑，胡取禾三百廛兮。"[③]但是，在当时的社会中，不耕而获，不垦荒而有田的不合理现象普遍皆是了。

　　晋·九四：晋如鼫鼠，贞厉。

"晋"为进攻，"鼫鼠"为一种田鼠，常在田野中，窃食禾稼，为农田中一害。是说像田鼠一样行偷窃之事，往往被人歼灭。灭鼠也是农事中一个重要环节。

其三，谷粮与收成。

《易经》中没有谈种什么庄稼。从史料记载看，周代主要种粟、黍、稷、粱、麦、麻、稻、菽、豆、桑等。从"姤·九五：以杞包瓜"的卦爻辞看，殷周时期已经出现粮种的优选了。"杞"为"芑"，为一种优良的白粱粟，是"稷"的一个优良品种。用上好的芑包裹甜瓜而蒸熟，是一种非常精致

①许倬云，《西周史》（28页），生活·读书·新知三联书店，2001.
②毕于吉主编，《中国古典名著·周礼·仪礼·礼记》（403页），中国戏剧出版社，2002.
③黄典诚，《诗经通译新诠》（129页），华东师范大学出版社，1992.

而奢侈的食品。从相关爻辞看已经有粲（干饭），有"馂"（菜粥），品种很多。谷粮品种一定不少。

从相关爻辞看，酿酒已经十分普遍，而"震"卦辞还提到香酒。酿酒业的兴起也说明粮食产量达到了足够富裕，同时也间接表明当时的宴请风俗及祭祀礼仪发展的程度。

关于农业收成，并无定量的介绍，只是"大有"卦被认为是"年谷丰收"，"九二：大车以载，有攸往无咎"，丰收的成果需大车才能拉回来，"九三：公用亨于天子，小人弗克"。这些丰收的成果，只有天子、诸侯、公卿们可以享用，而"小人"，也就是庶民不能享用。这种丰收成果的分配，就是当时社会的写照。

其四，畜牧业的发展

周代的畜牧业已经有相当的水平。家养、官养牲畜非常普遍。大牲畜牛、马等，主要是"官养"或殷实的贵族之家才养得起，而猪、羊的多少，则是一种财富的象征。犬、鸡、鸭、鹅等也很普遍。畜牧业的主要用途有畜力资源、祭祀牺牲、充庖厨、畜品加工等。

畜力资源：夏之时商王亥就已经能服牛乘马，殷商甲骨文就有"犁"字，就是后来的"犁"字。但是在奴隶劳役非常廉价的情况下，牛耕并没有普遍推广开来，直到周时，还是以双人一踏一拉的耦耕为主。奴隶主宁肯把千百头牛作祭祀的牺牲，亦不愿将之投入生产以减轻奴隶的劳动重担。[1]"睽·六三"有牛拉车的描写。马拉的车有战车、有贵族的四匹马拉的车（大畜·九四），有金车（困·九四）等。还有田猎时、婚嫁时、战争时作代步工具而乘马。

牺牲与庖厨：以牛、羊、猪作牺牲比较普遍，而以牛为牺牲更表示对祖先与神祇的尊敬。将最好的献给神祇，也就是献给领主。所以领主的餐桌上就有珍馐，屯·九五的膏（肥肉），否·六二的包承（承为烝肉），否·六三的包羞（馐相当于熟肉），噬嗑·六三的腊肉，噬嗑九四、六五的胏（带骨肉）和干肉，遁卦中的好豚、嘉豚、肥豚（豚就是猪肉），这些都是畜牧产品以充庖厨的描写。除此之外，皮毛可做冬衣（裘），而皮革可做战将之盔甲等用品。

---

[1] 杜石然等，《中国科学技术史稿》上册（53页），科学出版社，1984.

畜牧技术：《夏小正》中就有"颁马"的规定，是将已经怀孕的牝马与牡马分开放牧，以免受到伤害。对于马驹，还有"攻驹"的办法，以训练马驹的性情及驾驭、骑乘的技能。[1]

大畜·九三：良马逐，利艰贞，曰闲舆卫，利有攸往。

"曰"当作"四"，借为"驷"，四匹马称驷。"闲"乃"习"也，为训练有素。"卫"为"善"也。爻辞是说："驾良马以驰逐，路虽艰险，亦利。四马训练有素，车又坚好，则利于有所往。"[2]这都说明当时已经有一整套驯马技术，且行之有效。

当时已经应用骟割技术。"明夷·六二""涣·初六"都说"用拯马"，拯马，就是去势的骟马。"大畜·六五"中的"豮豕"就是割去生殖器的猪。马骟后，长得壮而温驯，便于役使；猪骟后，长膘快，肉细腻，性温驯，便于圈养。

另外，有些牲畜是放牧，如牛、马、羊。有些则是圈养，如猪。也有些羊也可圈养。"大畜·六四"中有"童牛之牿"的记载，"牿"是牛角上加的横木，这是为了保护牛犊初生的嫩角而采取的措施。"大壮·九三"中有"羝羊触藩，羸其角"，"羝羊"为公羊，"藩"为篱，"羸"为系，是说为了防止公羊触伤篱栅，要把羊角用东西缠系起来。

其五，田猎与采集

田猎与采集是更为原始的生产方式，自从农牧业兴盛起来，田猎与采集降为辅助地位。这种生产可以弥补农业及畜牧业之不足，但贵族阶层更热衷于田猎。这是集练兵与娱乐于一体的活动，田猎时需要众人围堵，犬马奔波，虞人（管山林、河塘、荒地的官员）作向导，需要许多奴隶、农夫作役工，所以如不节制常常影响农业生产，且破坏环境。如前所说田猎要避开农忙季节，要避开动植物繁殖孕育季节。而采集主要是山林野果、菌类、野菜、药材等。

2.手工业方面

《易经》中没有涉及手工业方面的科技问题，但涉及各种用具，勾勒出

---

①方向东，《大戴礼记汇校集解》（231～233页，255～257页），中华书局，2008；杜石然等，《中国科学技术史稿》上册（56页），科学出版社，1984.
②高亨，《周易大传今注》（255～256页），齐鲁书社，1987.

当时手工业发展的状况，有陶器、青铜器、木器、金器、玉器、皮革制品、丝麻织品、草竹编织品、酿造腌制品等。

陶器：

盥——祭祀前洗手用的盛水用具（观卦）

瓮、瓶——从井中汲水用的和盛水用的器具（井·九二）

甃——支撑井壁用的陶管（井·六四）

缶——盛饭或食品用具（比·初六；坎·六四）

簋——盛食物的器具，圆口、双耳（损卦；坎·六四）

青铜器：

樽——盛酒之器，类似酒壶有青铜的，也有陶质的（坎·六四）

匕——匙、勺，有大有小，可以是青铜的、陶质的或木质的（震卦）

鬯——盛香酒的器具，可以是青铜的，也可以是陶质的（震卦）

鼎——煮食物之器，下有足，上有耳，青铜铸造（鼎卦）

金铉——抬鼎用的青铜杠子（一般多用木杠）（鼎六五）

金柅——金属制的车闸[①]，也有人说是织布的一种工具，俗称"闹子"[②]（姤·初六）

黄矢、金矢——青铜的箭头（解·九二；蒙·六三；噬嗑·九四）

金车——车的显著部位如车辕等处，镶有青铜饰品（困·九四）

木器：

床及床板——病人用的床（剥·初六）

机——门限、门槛（涣·九二）

牖——窗（坎·六四）

舆——各种车及车上的配件如辕、輹、轮等（剥·上九；大畜·九三、九四；大壮·九三；睽·九二）

刑具——校（桎、梏、株木——刑杖）（噬嗑·初九、上九；蒙·初六；困·初六）

方——舟船（坤·六二；涣卦）

---

① [宋]朱熹，《周易本义》（39页），《四书五经》上册，天津市古籍书店，1998.
② 高亨，《周易大传今注》（377页），齐鲁书社，1987.

弧与弓——（睽·上九；蒙·六三）

栋桡——房梁与柱（大过卦）

藩——木栅槛（大壮卦）

金玉之器：

金——黄金（噬嗑·六五）

圭——珪，长方形玉器（益·六三）

玉铉——金铉之上镶有玉以示尊贵（鼎·上九）

皮革制品：

鞶带——士、大夫用的腰带，一般为君侯赐予之物（讼·上九）

黄牛之革——用黄牛皮革制成的绳子，捆绑非常牢固（遁·六二；革·初九）

鼓——一般用牛皮，也有用鳄鱼皮作鼓面（中孚·六三）

丝麻织品：

素履——无花纹的鞋子（履·初九）

贲其趾——足穿花鞋（贲·初九）

履错然——金灿灿之色，金黄色的鞋子（离·初九）

徽纆——黑色之绳索（捆绑囚犯用）（坎·上六）

网——编织的网，捕鱼、兽用（大壮·九三）

袂——衣之袖口，也指上衣（归妹·六五）

沛——"沛"为"旆"为幔（丰·九三）

束帛——一束帛长二百尺（贲·六五）

纶与尾——古人腰带前有纶后有尾以装饰，纶是一种穗状物（既济·初九）

茀——"茀"为"帗"，为女人用的一种大巾（既济·六二）

袽——絮，有的用乱丝，有的用乱麻絮成，做冬衣用（既济·六四）

草竹（藤）编织品：

床肤——肤犹席，是为床席（剥·六四）

筐——盛物（果物）之具（归妹·上六）

蔀——院内搭的凉棚（丰·六二）

羽仪——鸟的羽毛装饰的舞蹈用具（渐·上九）

酒的酿造：

酒食——有酒有饭菜之处（饭馆或叫酒肆）（需·九五）

樽酒——酒壶里装着酒（坎·六四）

好爵——好酒（中孚·九二）

有孚于饮酒——孚为罚，有罚于饮酒，因喝酒误事而受罚（未济·九二）

鬯——香酒及装香酒之器具（震卦）

《易经》之中根本无意介绍手工业产品，偶然涉及者也不系统、不全面。正因为如此，就有一种客观随机抽样的性质，可以代表当时日常生活使用手工业产品的状况。从产品的种类、形式，可以折射出当时百工各业的情况。譬如制陶业，这里就有陶土的选择、制陶工艺、烧陶的窑、烧陶火候的掌握等等；青铜制品，就涉及矿石的产地，炼铜的炉，炼铜过程加锡、铅的配比，火候的掌握，铸件范模的技术，浇铸技术，铸后的加工等等；木器制造，有剖木、刨木、凿木、锯木的工具选择，木材选择，木材成型等一系列的技艺。特别是车的制造与设计更为复杂，这可从《考工记》中看出，这里虽然没有介绍工艺过程与技术，但实物已经普遍使用，说明当时达到的工艺水平。再有丝麻织品在织布机器、织布工艺、染色工艺、制衣技术等方面都有相当成熟的技术知识。再如酿造业的兴起，说明粮食生产的充裕，这里有选料（粮食或水果）、发酵、蒸馏、封醇等技术，与此同时还有用盐、糖等对食品的腌制技术等。

总而言之，殷周时期手工百业已经逐渐形成规模，成为与农、牧、商并行的行业，这种社会分工促进了农业和商业的发展。

3．建筑方面

从《易经》中偶然提及的零散的建筑方面内容，可以映射出当时的社会结构、城乡规模、居住条件等状况。

社会结构

国家的中心为天子所在的国都，当时应是"宗周"镐京和"成周"洛阳。但《易经》所提到的"王居"（涣·九五）只是泛指，可能是诸侯国的王城。这种城都有城墙，城墙之外有壕沟，沟中有水（护城河）的曰"池"，没有水的曰"隍"（泰·上六："城复于隍"）。城中有大路曰"衢"（小过·六五），有小路曰"巷"（睽·九二）。城外曰"郊"，再远处曰"野"。城以下的有镇邑。这就给我们勾画出以天子京城—诸侯国王城—

采邑—邑—村落及郊野的社会结构图示。为了维系这个结构还有一系列的附属建筑：如宗、庙（同人·六二，睽·六五，涣卦等），行政馆所（随·初九），学校（庠）（履·上九），商肆（需·九五），监狱（困·初六，坎·六四），客舍（旅·六二），军队营房（师·六四）等。

居住条件

当时已经是以家、户、居、所为单位，但家有大小、贫富之分。有诸侯居住的王庭（涣·九五，夬卦），公卿大夫住的庭院（艮卦，丰·六二，明夷·六四，节·初九），更有些住在高丘之上的别墅性的"丘园"（贲·六五），一般广大民居只能住在草屋"庐"，有些用藩篱圈成一个院落（剥·上九，大壮卦），更有些则居住在半地下或者就是穴居（需·六四、上六，小过·六五）。

据考古资料证实，民居之庐屋与《易经》的"小人剥庐"（剥·上九）相当，如磁县下潘汪西周长方形半地穴式房基（图33）。房基面积是3.98米×2.47米，穴深1米。穴地上涂草泥，经火烧硬。在房内和墙外发现大小柱洞16个，分布并不规律，中间偏东有一大柱洞，直径22厘米，深38厘米，可以植入不小的木柱；这些大小柱洞所支的木柱足以撑起屋顶。灶坑在东南角，挖入土墙。北墙根的地面有一个圆穴，内存工具，大概是储物的窖。另外一座房

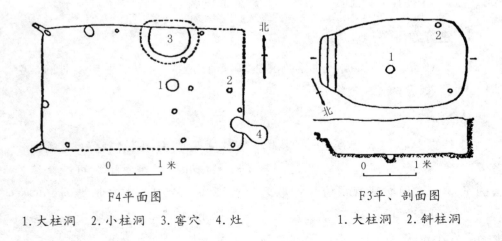

F4平面图

1.大柱洞　2.小柱洞　3.窖穴　4.灶

F3平、剖面图

1.大柱洞　2.斜柱洞

图33 磁县下潘汪西周长方形半地穴式房基

基，略成圆角的瓢形，长3.4米，宽2.13米，深0.84米，房内地面亦经火烧，坚实光滑。东部有两级台阶，应是出入口，柱洞九个，中间一柱洞最大，直径18厘米，深14厘米，西南与西北角有斜支的柱洞。[1]

在陕西岐山的凤雏村发现商末周初的大型建筑，碳14测年为公元前1095±90年。宫殿遗址房基占地1469平方米，以门道前堂和过廊构成中轴线，东西两边配置门房厢房，左右对称，整齐有序。堂门有大院子，由三列台阶登堂，左右各有台阶两组登东西回廊。堂后有过廊通后室，过廊两侧为东西两小院。前堂是主体建筑，台基最高，面宽六间，道长17.2米，进深三间，宽6.1米。台基夯实土筑实。后室五间，面宽23米，进深3.1米，有走廊。全部建筑有良好的排水设施，台基下有陶管构成的水道，或用鹅卵石砌成（图34）[2]。这与《易经》所涉及的王庭及公卿大户的居住条件相似。房基建在高处为丘岗之地，门前有台阶，门有门坎，院内有庭，有搭的凉棚（蔀），有正堂后院，后室。

综上所述，《易经》根本不是有意写社会生产方面的问题，文中完全是偶然涉及，所以就有一种随机抽样的性质，能客观反映当时社

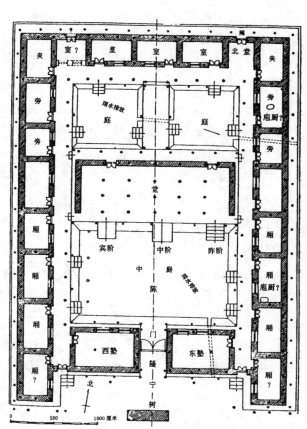

图34 陕西岐山凤雏村商末周初建筑平面图

①许倬云，《西周史》（255～256页），生活·读书·新知三联书店，2001.
②许倬云，《西周史》（57～59页），生活·读书·新知三联书店，2001.

会的一般情况，总结起来有如下几点值得重视。

其一，重视农业，以农业为基础，但比较起来，更重视收成，而不够重视农业劳动及劳动条件的改善。畜力耕田在商时就已经出现，但到周时仍未普及，王公贵胄宁肯在祭礼用上百头牛作牺牲也不愿用于农耕；青铜器已经十分兴盛，但是农具仍然是以木石蚌骨作材料的原始状态为主；水利事业不发达，还是靠天吃饭，偶尔用井灌也不能起太大的作用。

其二，交通工具以车为主，而车又是各工种工序复杂配套的系统手工业产品，最能代表当时的手工业水平。而船则较少提及，更值得注意的是写了很多"利涉大川"，却无桥的记载。城有城墙（墉），城外有护城的壕沟（有水的曰池；无水的曰隍），出城过护城河一定有桥，但是天然河道之桥，可能在当时有一定的难度。虽然"泰·九二"曾描写腰系葫芦泅水过河是很聪明的办法，但只是只身过河而不能解决大批物资运输过河的问题。人类最早的水上交通工具是"槎"（木排或竹筏），而舟楫之利，始于黄帝时期，船应当是水上运输的重要工具。

其三，提到各种器具，甚至多次提到监狱的各种刑罚所使用的各种刑具，却没有提到农具。这一方面说明王公贵胄对农业劳动没有兴趣，而对威慑民众很注意。同时也间接地说明社会贫富分化很严重，社会问题在殷周时期已经提到议事日程上来。

其四，衣、食、住、行皆分等级，虽然《易经》并未特意说明这些，但是客观上却到处都有所反映。等级制度渗透到社会生活的各个方面。

> 坐而论道，谓之王公。作而行之，谓之士大夫。审曲面执，以饬五材，以辨民器，谓之百工。通四方之珍异以资之，谓之商旅。饬力以长地财，谓之农夫。治丝麻以成之，谓之妇功。
>
> ——《周礼·考工记》

统治者脱离生产，却享有物质财富，生产者无力改善劳动条件，是当时社会的真实写照。这种状态到春秋战国之时，商人、土地私有者、新生的贵族，以及他们之间相互争伐需要物质财富的支持，新的生产关系才得以滋生，新的生产力才得到一定的改善。

五、《易经》在思维观念领域的升华

人们通过日益丰富的自然观察和社会生活的体验，使一些直观的、局部的认识得到升华，总结出一些带有普遍意义而又抽象的哲学理念，并且指导人们的认识和行为，这是人类进步的又一个阶梯。这方面的内容很多，限于篇幅，下面仅举数例，以与读者共同探讨。

1. 无平不陂，无往不复

这是"泰·九三"中的一句话，是说世上的事物没有平而不陂的，没有往而不返的。事物的状态总是会变的，这是天地之间的根本法则，是自然的规律。这是易学圜道思想的萌芽，所以"反复其道"乃见"天地之心"。

2. 视履考祥，其旋元吉

这是"履·上九"的爻辞。视履，是观察并实践一件事，就要考察周密（荀爽、郑玄认为"祥"为"详"，周密解），就要考察是否有吉祥之兆（王弼认为祥为征兆），就要考察是不是为善之事（虞翻认为，"详"为"善"）。这样其旋（旋，还也）方可元吉。这非常明白地说明了一个道理，做一件事要先有预估，凡事预则立。首先要审视这个事情的性质，是善，是恶，是符合公共的利益，还是损人利己。不分善恶、不分好坏地蛮干，是没有好结果的；其次是做这件事的条件是否成熟，时与势不谐，费力而难成，时势顺，事半功倍；还要考虑这件事的风险与所用之人妥不妥当等等。

> 凡事预则立，不预则废。言前定则不跲，事前定则不困，行前定则不疚，道前定则不穷。
>
> ——《中庸》

做事要"视履考祥，其旋元吉"，也是易学重要理念之一。

3. 不富以其邻

这是"泰·六四"和"谦·六五"中的一句话，是说不能以抢掠邻居而致富，这是损人也不利己的不道德行为。"邻"，小者说是邻居，看邻居家有钱财，采取偷窃、行骗等不正当手段，是社会不安定的主要原因，正如"晋·九四"所说："晋如鼫鼠，贞厉。"尽做鸡鸣狗盗之事，最终没有好下场。往大了说，邻就是邻国，以武力侵伐抢掠，扰得四邻不安，是世界战乱的主要原因。武力争伐，征而不服，最终受害的还是挑起战乱者自己。这其中是说"富亦有道"的道理，富向内求，要自强不息，自力更生，发展生产才是正道，这是易学发展观的重要理念之一。

4.其亡，其亡，系于苞桑

这是"否·九五"中的一句话。是说"我将要亡了，我将要亡了"，随时保持警惕其结果就如茂盛的桑树一样坚固牢靠。这里说了一个真理——忧患者长存，逸乐者衰亡。殷商拥有中原，却沉浸在逸乐之中，而逐渐衰亡。蕞尔小国偏居西隅，随时都担心被强大的商朝给吞掉，却在忧患之中奋发并且翦商成功。这也隐含着物极必反的道理。身虽处困境而不能气馁，坚持奋斗可否极泰来；身虽处盛世，也不能贪图享乐，使盛世转为"亢"，而亢龙有悔。故有：

> 知进而不知退，知存而不知亡，知得而不知丧。其唯圣人乎？
> 知进退存亡而不失其正者，其唯圣人乎？
>
> ——《周易·乾·文言》

5.不事王侯，高尚其事（志）

这是"蛊·上九"中的一句话。后面的事字，应为志向的志。不为王侯做事，有更为高尚的志向。这是说殷周之际，伯夷、叔齐不食周粟而饿死首阳山的故事。人的欲望随着社会的发展而进步，也是分层次的。低层次是满足生理的需求，中层次是满足社会的需求，高层次是满足精神层面的需求。为完善自己的理想以达到更高的精神境界，可以不受权力威胁，不受财富的诱惑，说明殷末周初时期，人们的思想领域已经达到很高的层次，所以在当时产生《易经》以及尔后的《诗经》《尚书》，在思想领域都已达到很高的层次。权力和财富并非万能的，人们的追求远远超过这个界限。正如孔子所说：

不义而富且贵，于我如浮云。

——《论语·述而》

邦有道，贫且贱焉，耻也；邦无道，富贵焉，耻也。

——《论语·泰伯》

三军可夺帅也，匹夫不可夺志也。

——《论语·子罕》

志士仁人，无求生以害仁，有杀身以成仁。

——《论语·卫灵公》

这就是说仁义以及真理，高于金钱与地位，甚至高于生命的价值。所谓境界，实际是价值观的体现。

6. 憧憧往来，朋从尔思

这是"咸·九四"中的一句话，是说匆匆往来的朋友啊，都在想些什么，他们的想法能和你的想法一致吗？咸卦的咸，是感，是感动人心。这里所追求的不仅仅是表面的行动的一致，而是更深层次的思想的一致。表面的一致，可以借助行政手段，甚至武力威胁，但是思想的一致并不容易达到。首先，做事不能违背"天道"，不能违背自然规律，这样就可达到"感而遂通"的境地；其次，是做事不能违背"人道"，不能违背社会道义，这样就可达到"得道多助"的境地。

7. 东邻杀牛，不如西邻之禴祭，实受其福

这是"既济·九五"中的一句话，是说东邻杀牛以祭祀神祇，不如西邻仅用简单的饭菜，更能受神的庇佑而得福。东邻指殷商王朝，他们更注重形式，以大牲而厚祭；西邻指岐山西周王朝，他们薄约而简祭。祭祀得福与否，不在祭品的厚薄，不在形式的隆重与简约，而在祭祀者诚挚的心情和德行好坏。敬鬼神、敬祖先是中古时期自上而下的普遍信仰，而祭祀鬼神、祭祀祖先成为当时重要的国事活动。然而到殷周时期，这种祭祀活动明显趋于理性化，把这种敬神、敬祖的形式赋予正义道德和诚信的精神内涵。

易曰："自天佑之，吉无不利。"

子曰："佑者，助也。天之所助者，顺也；人之所助者，信

也；履信，思乎顺，又以尚贤也，是以'自天佑之，吉无不利'
也。"

——《周易·系辞上》

这是孔子对《大有·上九》的解释，也是将天之所佑者作更深入的解释。顺天应人而得贤人之助者，天自佑之，吉无不利。顺天者，是顺应自然规律之谓也；应人，是守信于民众之谓也。天是自然的法则，民众是社会层面的"天"。这就是"天之道"。

8.元亨利贞

这是《易经》开始的一句话，《乾卦》的卦辞。

"元"是始，是开始；"亨"最原始的字义有三：其一是"烹"，是烹饪；其二是"享"，古时"亨""享"通用，有享祭之义；其三是"亨"有"通"，即沟通之义。所以"亨"在这里就有烹饪菜肴，祭祀神祇，并与神灵沟通之意；"利"，就是利于之意；"贞"，就是占问。所以"元亨利贞"就是：开始，先举行祭祀与神沟通，有利于占问。

随着人们认识水平的提高，对"元、亨、利、贞"就有更理性化的解释。"元"，始也，大也；"亨"，通也；"利"，和也，宜也；"贞"，正也。是说：乾道大通和宜而利于贞正的事业。在此，神性减弱而理性增强。这里突出事业的贞正，把德行引进来了。

到后来，《周易·乾·文言》就进一步提出：

> "元"者，善之长也；"亨"者，嘉之会也；"利"者，义之
> 和也；"贞"者，事之干也。君子体仁足以长人；嘉会足以合礼；
> 利物足以和义；贞固足以干事。君子行此四德者，故曰："乾：元、
> 亨、利、贞。"

这样就完全将乾卦的解释理性化了，已经没有占卜的影子，已经是"善易者不占"的境地了。这里的善就是体仁，亨通就是合礼，利物就是和义，就是适合于自然规律与社会道义（公平），贞固就是坚定的正当的事业。这也就是《易经》所提倡的基本道德与干事的准则。

　　《易经》中类似的内容还有很多，在此不再一一赘述。诚然，《易经》对许多带有哲理的问题并没有系统地论述，也没有深入分析，但确实踏进了理性化的门槛，有许多思想的升华，是社会进步的基础，也是科学技术发展的基础。这些升华与进步预示着在中华大地上，一个大变革、大发展的时期的到来。

　　综观人类发展的历史，有一个哲学思想活跃的突变期，这就是公元前五六世纪到前二三世纪的世界轴心时代。而殷周时期华夏大地就是这种思想早熟的地区，它为春秋战国的大发展在孕育、在准备、在打基础，为迎接这个轴心时代创造条件。

第三章

《易传》的科学理念识辨

　　《易传》是在春秋战国这个大动荡、大发展、大变革的社会背景中诞生的，是在百花齐放、百家争鸣的后期，政治求统一，学术求融合的文化背景中形成的。孔子虽然没有撰写《易传》，但在传《易》授《易》的过程中，起到了发展、开拓和指导作用。他特别强调"存德义"的研究《易》学的路线，使《易经》由卜筮之书向哲理之书的方向发展。并且由孔子传《易》，形成了《易》学的主流一脉。老庄哲学在《易》学的本体论方面做出贡献，提出阴阳、刚柔、雌雄等对待概念，并提出"《易》以道阴阳"的命题，以及阴阳之气化流行观念，成为道家《易》学的奠基思想。老子尚阴柔，尚水，颇有《归藏》易之遗风。稷下学宫的学者，对《易》判断吉凶成败十分重视，强调"开物成务""成其功业"，重视实践功效，并将阴阳五行学说纳入《易》学中来。《荀子》一书广泛引用《易经》并与《易传》内容相呼应，《易传》中某些部分很有可能是荀卿及其弟子的作品。荀子还提出"善为《易》者不占"的主张，是对孔子"不占而已矣"的理念的发展。《吕氏春秋》对《易传》的引用及推广是十分显著的，对阴阳消息、天象变化、物候相应、各种事物之间的关联性的探索，都有一定的开拓作用。总而言之，《易传》是经过相当长时间，众多学者的集体辛劳，在改革大潮的推动下，逐渐形成的，百家都有所贡献。虽然《易传》各篇内容参差不齐，编撰亦不算精练，甚至有重复和不知所云之处，然而其总体思想方面还是比较系统和完整的。

　　《易大传》在解说古经时，提出了若干关于宇宙人生的创造性见解，就思想的深度而论，可以说达到了先秦哲学的最高水平。《大传》十篇，不是一个人写作的，亦非一个时期写成；但各篇的观点还是相互协调的，并无彼此冲突之处。因而十篇的哲学学说构成了一个宏阔的体系……

《易大传》对后来哲学思想发展的影响是非常巨大的……应该肯定：《易大传》对于中国哲学思想的发展确实有其不可磨灭的贡献。①

《周易》这本书，特别是《易传》部分，确实是中华民族对上古、中古、近古人类在生产、生活的实践中对自然、社会认知的总结，并形成一种独特的思维体系，许多理念有很强的科学性，对实践有指导意义，值得人们借鉴。

一、《易传》的自然观——整体有机自然观

自然观是人认识世界过程中形成的一种观念，并以此指导人的认知活动和实践活动。不同的自然观，可以导致不同的认知模式、认知方法、认知途径，在对自然的各种实践中采取不同的措施、方针乃至政策，从而可导致完全不同的结果。诸如"天人合一"与"人定胜天"，"优胜劣汰"与"多样性共存"，"万类霜天竞自由"与"以人类为中心"，机械唯物自然观与整体有机自然观等观念的差别是很大的。所以，人们的自然观之确定关系甚大。

科学是建立在人们对自然认知能力的基础之上的，当人们的认知能力提高，认知活动领域扩展、深入，科学也随着发展与进步。若评判《周易》与科学的关系，亦应从《周易》的自然观来分析。而评判《周易》的自然观，有代表性的就是从《易传》（也就是俗称"十翼"）来考察。

1. 狭义自然与广义自然

人类最早的认知对象，就是自然环境。人的生活资源产于斯，人的活动场所存于斯，人们与自然建立起千丝万缕的联系。因此，认知自然就是首要的课题。

---

① 张岱年，《论易大传的著作年代与哲学思想》，《周易研究论文集》（第一辑），北京师范大学出版社，1987；原载于《中国哲学》第一辑，三联书店，1981.

　　历来对自然的认知就是多种多样的，诸如有机自然观、机械自然观、进化自然观、辩证自然观等等。一般可笼统分为狭义自然和广义自然。

　　所谓狭义自然，就是除去人类及人类文明以外的自然界，诸如宇宙星空、大气环流、江河湖海、山塬谷梁、动植物等等。并依此分出许多自然科学门类（数、理、化、天、地、生……）而不包括人文科学、社会科学和思维科学。提出环境条件时，也多指自然条件，而不涉及社会条件及人造自然条件。正如德国哲学家费希特所划分的：自然界是无理性的存在，而人类社会则是有限有理性存在，上帝则是无限有理性的存在。这种划分虽然现在很少提及，然而这种对自然划分的观念仍然控制着西方社会，并影响着我们。

　　狭义自然观念，是源于西方主客观分立的思维方式。人是认知的主体，而客观事物（狭义的自然）则是被认知的客体，是无理性的存在。这样就把认知的主体作为主人、主宰，把无理性的客体，当做被宰制的对象，并且认为自然资源本身是没有价值的，只有通过人的开发、提炼等劳动之后才产生价值，从而形成人与自然的对立。这种自然观，对提高人的主观能动性，开发自然资源，索取财富，曾经做出很大贡献，但却造成了许多潜在的弊病。特别是人类进入工业文明时代，追逐利益最大化而酿成许多隐患。其一，由于自然资源的"渗漏"，而形成的资源危机；其二，由于无节制猎杀，生物种群灭绝造成生态危机；其三，由于无节制地排放及使用各种农药、化肥而造成的土地、水源及大气的污染，造成环境的危机。人们对工业社会文明的反思，提出建立生态文明社会的目标，这是向自然的一种回归。这时重新研究中国古代的自然观，对今天重建生态文明有现实意义。

　　所谓广义自然，就是除了狭义自然的内容之外，还包括人类、人类社会乃至人的思维领域的整个自然界。认为人类是自然的一部分，是自然进化的产物，是自然之子。人类的生存依赖于自然，不仅向自然索取，更应该爱护自然、尊重自然、顺应自然，维护自然秩序，遵守自然法则办事。从《周易》及《老子》这些典籍中，就体会到广义自然的理念。

　　　　易之为书也，广大悉备，有天道焉，有人道焉，有地道焉。

　　　　　　　　　　　　　　　　　　　　　——《周易·系辞下》

《周易》这本书包括的内容"广大悉备"，有天、地、人三才之道。说明这本书，没有将人与万物分开，而是统一在一起的。伏羲氏画八卦时，也是仰观天文，俯察地理，观鸟兽之文，地之所宜，远取诸物，近取诸身，就是包括人类自己也是观察对象。人类的社会、人类的身体、人类的四肢百骸五脏六腑、人类的情感与思维，都是观察的对象。

　　故道大，天大，地大，人亦大。域中有四大，而人居其一焉。

人法地，地法天，天法道，道法自然。

——《老子·二十五章》

这里老子所说的"域中"，就是指自然界，是说自然界有四个堪称大的事物。"法"，是指以什么为根据，有师法、效法之意，是说人以地为根据，地以天为根据，天以自然界固有规律——道为根据，而世间万物是在道的法则之下，自动、自流、自生、自化、自然而然地演化着。所以《老子》的自然观，也是广义的自然观。

这种广义自然观念，是源于中国古代主客观融合的思维方式，是把自己放在自然之中去观察世界。认为人是自然界的一部分，是受自然法则支配的，是受天地限控而演化、发展的。人的意愿应顺应自然之道而行动，这就有利于人和自然和谐相处。这种广义自然观是在中国古代农业发展的过程中，逐渐而且自然而然形成的。中国古代的科学发轫很早，尤其以天文学、律历学、物候学、农学最为发达。天文学是以土圭测日影开始，以定冬至、夏至、春分、秋分，进而发展以二十八宿躔日，以观星授时。而所谓物候学，是以物（动物、植物及其各种器物）随季节、气候变化的现象来定时序的学问，如"履霜，坚冰至"，"潜龙"，"见龙在田"等，皆有物候学的痕迹。古代很早就有二十四节气和七十二候的物候学成果。这些成果逐渐系统化而形成"天运定时""地物应候""人作相合"的天地人三才之道，以指导人们的农业生产和社会活动，形成一个"天地人和"整体有机自然观。这种自然观使人与自然的关系是和谐的；承认人的各项活动应受自然规律的限控，在道的统帅之下发展；人类不仅要开发自然资源，更应保护自然，遵守自然秩序，维护自然就是维护人类赖以生存的环境。这种广义自然观有更广泛的合理性。

有人说：人类无需敬畏自然，敬畏自然是反科学。此论令人吃惊，其谬甚矣！

在中国传统理念中"自然"是最根本的存在。老子有"人法地，地法天，天法道，道法自然"之说。自然者，自然而然之存在者也，即不受人的主观意志所左右，自动、自流、自生、自化而存在的事物。其分布之广也，无涯，其存在时间之长也，无始无终。在浩瀚的自然面前，人类是很渺小的，其活动范围有限，其认知领域有限，其诞生很晚，存在时间很短，就整个大自然（宇宙）来说，人类只是匆匆过客。

人类是由自然孕育、演化而产生的，是自然之子。因此，人们"敬畏自然"是天经地义之事。所谓"敬"，就是尊敬、孝敬，因为自然是生育你的根本，养育你的源泉，发展你的天地。敬重自然，就应像子女孝敬父母一样。所谓"畏"，就是畏惧，当你直面自然之时，为其恢宏幽远而好奇，为其巨大的力量而震惊，为其不测的变化而迷惘。尤其是从事科学工作的人，是走前人没有走过的路，是一种探索，面对变化莫测的自然，应当如履薄冰，如临深渊。知敬畏，就能尊重自然规律，就能谨慎行事，更懂得实事求是，而不仅仅是尊重已成的定律和教条；就能不浮躁、不盲动，就不会办不知天高地厚无知妄为的蠢事，以致受到自然的惩罚；知道敬畏，就会对人类子孙万代的生活环境给予关爱，对自然提供的资源珍惜、节俭，尽量循环利用。在开发资源，提炼资源，使用资源时，尽量减少对自然平衡的破坏；敬畏自然，也是敬畏生命，实际是对由一切生命组成的自然生态的尊重，保护自然就是保护人类自己。

2．自然界的构成

自然界是由哪些部分构成的，各部分之间的关系如何，是自然观的根本问题之一。

《易传》描述伏羲画八卦，是对古人认知自然界构成的典型事例。

> 古者包牺氏之王天下也，仰则观象于天，俯则观法于地，观鸟兽之文与地之宜，近取诸身，远取诸物，于是始作八卦，以通神明之德，以类万物之情。
>
> ——《周易·系辞下》

前面已经概略讲过伏羲画八卦的传说，在此着重讲伏羲画八卦对自然界构成的认知及模型建立的科学性。

首先，伏羲是以自然万象为观察起点。

仰观天文，观日月星辰，是谓"天象"，观风雨雷电是谓"气象"，俯察地理，观江河湖海是谓"水象"，观察山塬丘梁是谓"地象"；观鸟兽之文与地之宜是谓"生物象"；近取诸身，观人之四肢百骸喜怒哀乐是为"生理象"，观察人类生产、生活、礼仪制度是谓"社会象"。这种从自然万象做观察的起点，是从自然原型开始，有其原本的真实性。同时伏羲观察自然，也是本着广义自然观进行的。

其二，伏羲取象原则是以天地为准，本乎天者亲上，本乎地者亲下。

伏羲以"—"代表阳爻，以"--"代表阴爻，三爻组合排列共有八种形式，称之为八卦。将"☰"纯阳，代表"天"，命名为"乾"，"☷"纯阴，代表"地"，命名为"坤"。并以此为基准，以阴阳爻的比例多少进行从上至下的排列得出，"☰"乾（天），"☴"巽（风）、"☲"离（火）、"☶"艮（山）、"☱"兑（泽）、"☵"坎（水）、"☳"震（地震）、"☷"坤（地），八个卦，这就是影响人类生活的八种环境因子。《易》以天地准，是说八卦是以天地为基准，本乎天者亲上，是说越接近天的其阳爻就多；本乎地者亲下，是说越接近地的其阴爻就多，这样就分出了从上至下的分层有序的圈层结构。《淮南子·天文训》有云："清阳者薄靡而为天，重浊者凝滞而为地。"正是对伏羲八卦取象原则的注释。

其三，伏羲八卦从上至下的排列顺序和现代人类生活环境系统的圈层结构，基本吻合。

乾（☰）象征天，日、月、星、辰属之，称为天象属宇宙圈；巽（☴）象征风，离（☲）象征火，炎上，风、蒸腾、云、雨属之，称为气象属大气圈；艮（☶）象征山，兑（☱）象征泽，为地表面上的高山低泽，为草木果蔬、鸟兽鱼虫寄居之所，为生物象属生物圈；坎（☵）象征水，为江河湖海及地下水之属，称为水象属水圈；而震（☳）象征地震，系火山、地震属岩石圈；坤（☷）象征地，实为地壳、地幔、地核之属，均为之"地象"。这种从上至下的分层有序结构，是伏羲以八卦的形式，模拟出的自然构成图示，可知其科学性之可贵。

易有太极，是生两仪，两仪生四象，四象生八卦，八卦定吉凶，吉凶生大业。

——《周易·系辞上》

这是《周易》给出的一种自然结构模式，可通过图式与公式表示如下：

这里说的"太极"，就是天地未分的混沌状态，如《老子》所说："视之不见，名曰夷；听之不闻，名曰希；抟之不得，名曰微，此三者不可致诘，故混而为一。"（《老子·十四章》）"混一""混沌"就是无前、无后、无始无终，其大无外，其小无内的"道"的状态，是自然界的初始状态。后来，"混一"的太极分而为二称之为"两仪"，一曰阴，一曰阳，阴阳二气相推、相摩、相荡，絪缊构合，消息轮转而生变化，而成"四象"。"四象"，一曰老阳，一曰少阳，一曰少阴，一曰老阴。这可能是四种不同阴阳组合的物质，也可能是阴阳消息转化的状态，也可表示为时间过程的四个季节。四象生八卦，就成乾（天）、巽（风）、离（火）、艮（山）、兑（泽）、坎（水）、震（雷、地震、激烈之动）、坤（地），于是就形成了：

雷以动之，风以散之，雨以润之，日以烜之，艮以止之，兑以说（悦）之，乾以君之，坤以藏之。

——《周易·说卦传》

《周易》所反映的中国古代对自然界构成论的认知特点是：虚实两种存在并举的、分层有序的、各部分相互作用有机联系的、生生不息的、不断进化的自然构成模式。

3. 自然界的演化

前节介绍"易有太极"的太极→两仪→四象→八卦→……模式，是一种自然演化模式。那么《老子》的"道生一，一生二，二生三，三生万物。万物负阴而抱阳，冲气以为和"也是一种自然演化模式。

"道"是一种混沌（混一）状态。"道生一"，是从混沌状态变成阴阳分明而未分抱在一起的统一体，可称之为"太极"；"一生二"是由"太极"产生阴阳分立的两仪；"二生三"，是阴阳交媾而生新物；"三生万物"是新物种繁衍而生生不息，以至无穷，这种自然演化过程，与上帝造物的"特创论"，是迥然不同的，这里没有神的地位，一切都是自然而然发生的，不是事先安排的，而是随机演化的、生生不息的过程。[1]正如美国学者布赖恩·阿瑟所说："而另一种理论选择——复杂性的特点——则完全是道家的。在道家中，秩序不是天然固有的，'世界从一开始，一变成二，进而变成许许多多，又导致无穷无尽'。在道家中，宇宙是广袤的，无定性的、永恒变化的。"[2]这种自然演化模式是符合复杂性研究所揭露的事实的。如果将老子的自然演化模式用于解释宇宙起源，也很有说服力。"道"相当于"视之不见，名曰夷；听之不闻，名曰希；抟之不得，名曰微，此三者不可致诘，故混而为一"。（《老子·十四章》）"有物混成，先天地生。寂兮寥兮，独立不改，周行而不殆，可以为天下母。"（《老子·二十五章》）

天坠未形，冯冯翼翼，洞洞灟灟，故曰太昭。道始于虚霩，虚霩生宇宙，宇宙生气，气有涯垠。清阳者薄靡而为天，重浊者凝滞

①商宏宽，《周易自然观》，山西科学技术出版社，2008.
②[美]米歇米·沃尔德罗普著，陈玲译，《复杂——诞生于秩序与混沌边缘的科学》，生活·读书·新知三联书店，1997.

而为地。清妙之合专易，重浊之凝竭难，故天先成而地后定。天地
之袭精为阴阳，阴阳之专精为四时，四时之散精为万物。

——《淮南子·天文训》

这里，《淮南子·天文训》的地球生成模式，是将《老子》的自然生成
假说和《易经·系辞上》的易卦生成假说，合而为一，并用于地球的生成过程
之中，可见中国古代自然演化思想是有发展，有传承的。

《周易·序卦传》有一段文字，也表达了自然演化过程：

有天地然后有万物，有万物然后有男女，有男女然后有夫妇，
有夫妇然后有父子，有父子然后有君臣，有君臣然后有上下，有上
下然后礼义有所错（措）。

——《周易·序卦传》

这种自然演化过程是：天地→万物→人类（男女）→夫妇→家族（父
子）→君臣（社会）→礼仪制度。先有万物后有人类，人类是后产生的，人类
有了婚姻制度，脱离了群婚时代，才有了正式的家族，而国家社会又是有了上
下尊卑之后才产生的，相应的社会制度则更为晚成了。这个演化过程符合现代
自然科学与社会科学的观点，这个过程也是自然顺势演进的。

事实证明，宇宙从混沌的星云团→以恒星为主的星系→行星的形成，是
自然演化的；地球从洪荒时期的无机地球→有机地球→有生命地球→有人类有
智慧的地球，也是从无到有，从简单到复杂的自然而然的发展演化过程；人类
社会从旧石器时代→新石器时代→青铜器时代→铁器时代→机械化时代→电器
化时代→信息化时代，也证实了这种演化特点。这就是以《周易》《老子》为
代表的中国传统自然观所反映的宇宙万物都是在自动、自流、自生、自化地自
然而然地演化着、繁衍着，由无到有以至无穷，从少到多，从简单到复杂，是
一个发展进化的演化过程。

4. 天道无为——自然之道的特点[1]

对自然界的构成、演化认知之后，人们进一步提出自然有什么特点，这
是对自然认知的深化。而"天道无为"思想就是深入探索自然之道的重要标

---

[1]商宏宽，《周易自然观》（9～12页），山西科学技术出版社，2008；商宏宽，中国古代的灾异观及
其现实意义，《中国传统文化与现代科学技术》（297～298页），浙江教育出版社，1999.

志，这里所说的"天"，不单指天，也指地，泛指自然。"天道无为"是说自然界有"普济""无欲""不仁""有信"的性质。

其一，所谓"普济"，是指天地普施恩泽于万物众生而无所选择的性质。

> 地者，万物之本原，诸生之根菀也，美恶贤不肖愚俊之所生也。

——《管子·水地》

这里更清楚地说明，地施恩普济万物对万物无所选择的性质，不管是鲜花、毒草，是贤良者，还是不肖之徒，是愚笨者，还是俊朗者，都依赖地利之所生啊，不加区别，一视同仁，无所选择，这就是"普济"的性质。

其二，所谓"无欲"，是指天地施恩于万物众生而不要求报答的性质。譬如，《周易·系辞上》有云："劳而不伐，有功而不德，厚之至也。"此处"伐"同"夸"，自称其能为"伐"。这里是说天地劳作而不夸，有功而不自居，其德行真是敦厚至极呀。《周易·乾·文言》有云："乾始能以美利利天下，不言所利。"是说天德以利物为准，以最佳的条件便利于天下，而不宣扬自己的功劳。《老子》亦有云："万物作焉而不辞，生而不有，为而不恃，功成而不居。"是说像天地那样让万物依照自然生长、滋养万物而不自夸，万物依赖它生长而不据为己有，为万物立下了功勋而不自居其功。以上所举，都是描述"天道无为"无欲的品格。

其三，所谓"不仁"，是指天地之行为，我行我素，不管你愿意不愿意，能不能承受，照施不误，即天地施为不以人的意志为转移的性质。譬如，《周易·系辞上》有云："方以类聚，物以群分，吉凶生矣。在天成象，在地成形，变化见矣。"此处"方"实为"人"字，因形似而误，是说人各有不同，以类相聚，物各有异，以其群相分，于是矛盾自然会出现，吉凶就产生了，这是不以人的主观意志为转移的。在天有日月星辰、风雨雷电之象，在地有山川塬泽、草木鸟兽之形，这些都因时而变化，也是不以人的意志为转移的。《周易·无妄·象》有云："无妄，刚自外来而为主于内……天之命也。"所谓无妄之灾，是指人们无妄作之行为，为何有灾眚纠缠呢？是说这个灾不是人为之祸，而是外在环境强加于人的自然灾害，这也是不以人的意志为转移的。《老子》有云："天地不仁，以万物为刍狗。"是说天地不讲仁爱，把万物当作祭祀用的祭品。《荀子·天论》有云："天不为人之恶寒也辍冬，地不为人之恶辽远也辍广。"是说天不会因为人们厌恶寒冷而不让冬天来临，地也不会因为人们讨厌遥远而不让地那么辽阔。以上所列举的，都是对天地"不仁"性质的描述。

其四，所谓"有信"，是说天地博赜，万象百态，但确有规律可循的性质。譬如，《周易·乾·文言》有云："同声相应，同气相求……本乎天者亲上，本乎地者亲下，则各从其类也。"是说事物之间是有联系和相互感应的，相同的声音可以产生共鸣，禀赋相近的生物易以相投。以天为根本的事物就亲近于天而靠上，以地为根本的事物就亲近地而靠下，诸物自然而然地各从其类。《周易·系辞下》有云："阴阳合德，而刚柔有体。以体天地之撰，以通神明之德。"是说事物的性质（德）与形体（体），是受阴阳之气和刚柔之体所决定的，以此体验天地所秉受之数（撰），以此会通神奇奥妙之性。

> 孔德之容，惟道是从。道之为物，惟恍惟惚。惚兮恍兮，其中有象，恍兮惚兮，其中有物；窈兮冥兮，其中有精，其精甚真，其中有信。
>
> ——《老子·二十一章》

此处之"孔"乃大的意思，是说具有大德的，总是遵循"道"的法则行事。"道"这个东西，没有形状，恍恍惚惚，恍惚之中似乎有形象，却似像非像；似乎有物，却似物非物；在幽深神秘之中，确有极精微的东西，这精微的东西是那样的真切，而且可以感觉到它的规律性（信）。这是老子对形而上的"道"的描述，其中特别强调它的"有信"的规律性和可感知性。《荀子·天论》有云："天有常道矣，地有常数矣。""天行有常，不为尧存，不为桀亡。"这里强调，天的运行是有正常的轨道的，地的变化是有一定的气数的，这种常态，不会因为人间政权之更替而有所改变。上述事例都是说明自然之道有规律可循的性质。

由是观之，"天道无为"思想是说，天地普济万物而无所选择（普济之性）；滋养众生而不求报答（无欲之性）；天地施为不管人们能不能承受，照作不误，而不以人的意志为转移（不仁之性）；天地是按照其固有规律行事（有信之性），这种规律是可以体认、观察、感知的。"天道无为"思想，比较客观地描述了自然界是一个自动、自流、自生、自化、自调节、自组织、自洽的体系。这种认识，时至今日亦非常高明。

首先，"天道无为"是一个"其小无内，其大无外的自洽体系"。"天道下济而光明，地道卑而上行。"（《周易·谦象》）日以烜之，月以揉之，"云行雨施，品物流形。"（《周易·乾·象》）不断从天（宇宙）地（地内环境）向这个体系输入物质流、能量流、信息流（负熵），使这个体系保持活力，成为"万类霜天竞自由"的大千世界。**其次这是一个多层有序体系。**因物之轻重而分异，因能量之高低而运动，（"本乎天者亲上，本乎地者亲下，则各从其类也。"）因运动频率之异同而谐振共鸣（"同声相应，同气相求"），从而使系统呈现出多层次有序体系。**再者，各层次各子系统之间产生协同作用和相干效应，从而产生复杂的变化。**体系内物种聚类杂陈，则因物性同异而相生、相克；利害攸关而相取、相攻；情感好恶而相感、相仇，即所谓"刚柔杂居，而吉凶可见矣。变动以利言，吉凶以情迁，是故爱恶相攻，而吉凶生；远近相取，而悔吝生；情伪相感，而利害生"（《周易·系辞下》）。综上所述，这个自然体系，可用下面图示表示。

$$\text{天地纲缊}\cfrac{\text{天道无为}}{\text{自洽体系}}\text{万物化生}\cfrac{\text{聚类分群}}{\text{有序体系}}\text{物分类杂处}\cfrac{\text{协同作用、相干效应}}{\text{自调节、自组织体系}}\text{吉凶利害生}$$

可见，中国古代对自然界认知的整体有机自然观思想与当代系统科学理论，是何其相似乃尔。对于这样一个开放的、有序的、自调节、自组织的体系中的吉凶祸福的判断、权衡，不能靠上帝，也不能靠神仙，只能靠人类自己。《周易》告诉我们，依靠人们对天道之领悟、万象之观察、行事之贞悔，而总结经验，兴利除害，趋吉避凶，真正达到知易者是："善为易者，不占。"

5.两种存在

前已述及《周易》的自然观是主客观统一、虚实并举的，既承认有形的事物的存在，更着重虚的无形的事物之存在。两者皆知，方为全知。故有："君子知微知彰，知柔知刚，万夫之望。"（《周易·系辞下》）"仰以观于天文，俯以察于地理，是故知幽明之故"（《周易·系辞上》）。

关于"幽明之故"

何谓"明"，就是看得见、摸得着的有形之物的存在。阐"明"也是有条件的，其一是有光亮，"离"为日而光照四方。其二是确有其物，是观察对象。其三是观察者的视力感观正常。这一切条件具备，也只是看个表面

（颜色、大小、形态、硬度、味道……）而要达到"贞明"还要知其习性（"德"）、变化规律（"则"），乃至此事物与彼事物之间的关系（信息），更能因此而达到知其应用和利害，这才是知明知彰的真谛。要达到真知彰明，必须进入幽隐之境界。

何谓"幽"，就是深幽看不见的、无形的，却能感知之物的存在。其一，因其微小，肉眼难见者；其二，属于意识、精神领域的事物；其三，属于定律、规律等理论领域的事物；其四，属于各种力、能量、场等事物；其五属于各种信息领域的事物，皆是幽隐之事物。"以通神明之德，以类万物之情"（《周易·系辞下》），"以体天地之撰，以通神明之德"（《周易·系辞下》）。"神明之德"者，就是隐于事物之背后，主宰事物发生、发展、变化的性质。神无形体，无方所，乃幽隐之物。"万物之情"者，就是事物之间的关系，信息（喜怒哀乐），亦是无形不可见，却可感知的幽隐事物。可见《周易》对幽隐的事物更为重视。幽隐之事物常常被忽略，而这种恰恰是不能忽略的，因为它们才是事物本性之源、演化之根，对事物起主宰作用，所以《周易》特别强调"探幽索隐"。

中国传统文化强调对幽隐事物的探索，所以对那些无形的事物的研究发轫甚早（如声、光、电、磁等），多领先于西方。早在8000年以前的骨笛，就能奏出和传统音阶相近的音列；在《国语·周语》中，就系统介绍了黄钟、大吕等十二音律；明代朱载堉创立十二平均律，给出了数学表达式，解决了音乐上的"旋宫难题"；明代宋应星的《气论》对声音传播理论之论述，与近代声学理论相近，堪称开先河之创见。[1] 其他如《墨子》对光学的试验研究、避雷针的发明与应用、指南针的发明和磁偏角的发现、利用地震波波动原理发明的候风地动仪[2]、人体经络的发现等都是探幽索隐的成果。时至今日，科学昌明，人们发现了更多的幽隐的事物，可以说是《周易》"探幽索隐"的延续与深化。

《易传》中关于神的概念

《易传》中有三十多处直言鬼神，卜以蓍筮，给人以宣扬迷信之印象。

---

[1] 杜石然主编，《中国古代科学家传记》，科学出版社，1997；商宏宽，易学与科学源远流长，《中国传统文化与现代科学技术》，浙江教育出版社，1999.

[2] 商宏宽，《周易》对我国古代地震科学发展的影响，《中国历史地震研究文集》（2），地震出版社，1991.

探讨《周易》的自然观，必须正视鬼神的问题。然而细究"神"的概念则另有新意，正是《易经》从卜筮之书，突破原始神学观念而走向理性思维的重要表现。[1]《易传》中涉及神的观念之处有如下四层意思：[2]

其一，《易经》毕竟曾是卜筮时代的典籍，所以《易传》有卜筮时代残留的痕迹，诸如尊信蓍草为"神物"，其德圆而神等，并提倡"神道设教"：

> 大观在上，顺而巽，中正以观天下，观。盥而不荐，有孚颙者，下观而化也。观天之神道，而四时不忒，圣人以神道设教，而天下服矣。

——《周易·观·彖》

观（☷），坤下，巽上，故有顺（坤）而巽，五九爻为上卦之中而正。"盥"是祭祀时，以酒沃地以迎神。"荐"是献，献祭品。这段话是说，君王在上，遍观天下，恭顺而谦逊，虽以酒沃地而不献祭品，但有诚信尊敬之心，神灵也会保佑。百姓观而化之，天施四时，而没有差错，以神道设教而百姓信服。这里虽然提倡用神道来教育民众信神之灵验，这是卜筮社会的残余，但亦强调神灵所佑者，不在于祭品之多少，而在于心的尊敬诚信。故有"东邻杀牛，不如西邻之禴祭，实受其福"（《周易·既济·九五爻》）之说，说明祭祀已经理性化了。

其二，神是控制物体及生命活动演化的，人们只能隐约觉察或感知，而不可确见的神奇东西和力量。故有"神也者，妙万物而为言者也"（《周易·说卦》），亦称其为"精气"（或"灵气"），故有"精气为物，游魂为变，是故知鬼神之情状"（《周易·系辞上》）。所以，"神"乃是人们对尚难以认识的变化及神秘奥妙现象的一种称谓。阴阳变化有有序可测者，有无序难测者，对前者称之为"理"，对后者称之为"神"，故有"阴阳不测之谓神"（《周易·系辞上》）。由是观之，随着人们认知水平的提高，"神"可转化为"理"，而又发现新的不测现象，故"神"可引导人们走向更深层次的探索。

其三，神是对人们利用自然规律、掌握生产方法，同时在实践之中不断改进和发明创造，从而达到高度智能领域——"至神"的一种称谓。诸如"穷神知化，德之盛也"（《周易·系辞下》）；"利用出入，民咸用之谓之神"

①张岱年，论易大传的著作年代与哲学思想，《中国哲学》第一辑，三联书店，1981.
②商宏宽，论《周易》的自然观，《周易与现代自然科学》，中国社会科学出版社，1990.

（《周易·系辞上》）；"精义入神，以致用也"（《周易·系辞下》）；"神而化之，使民宜之"（《周易·系辞下》）等说法。这是对古至今，一切对人民有利、有功绩的发明创造贡献的肯定与褒奖。

其四，是对大事件、突发事件发生之前，能通过微观、隐蔽的征兆、信息，预测未来事件的发生，防微杜渐，防患于未然的能力的称谓。故有"知几，其神乎。君子上交不谄，下交不渎。其知几乎。几者，动之微，吉凶之先见者也"。（《周易·系辞下》）是说能知道隐蔽细微的现象，十分神奇吗？只要能不受表面现象的诱惑，对上级不献媚，对权威不迷信，对下级不轻蔑，对群众的反应重视，就可以发现真相。

总而言之，"神"之性无思无为，无形无体，但确具有客观存在的稳定性，是可以通过实践而感知和体验的，是可知的，故有"无思也，无为也，寂然不动，感而遂通天下者为'至神'"。（《周易·系辞上》）"范围天地之化而不过，曲成万物而不遗"，即能"体天地之撰"，"通神明之德"。如是观之，《周易》之中的"神"，不是上帝，不是人们头脑中产生的虚幻偶像，而是对客观世界观察到深处而体验出的真实存在。这种存在不以人的意志为转移，在没有人类的洪荒时代就已经对自然界起着作用。它可能是指当时人们还没能清楚总结证明的事物发展变化的规律，也可能指各种表示事物之间关系的信息世界。"神"乃是未知的"理"，"理"乃是已知的"神"，"神"和"理"都是自然规律的体现，都是主宰自然万物之大道。《周易》中寓有如此深刻地透过事物表面现象而探寻其本质的思索和认识，确实是难能可贵的。

关于"形而上者谓之道，形而下者谓之器"

综上所述，《周易·系辞上》提出"形而上者谓之道，形而下者谓之器"两种自然存在。这两种存在的主要区别列表如下：

器（物质）	有形（形而下）	有生有灭	可量测（外求）	不可共享
道	无形（形而上）	无始无终	可感知（内求）	可以共享

人们最直接、最切实的认知就是形而下的器（物质）的存在。因为物质是构成人类乃至一切生物的生活环境和生活物资的来源，是须臾不能离开的。

117

在中国传统文化中，注意了"物极必反"的道理，提出了"惜物重德""取财有道"，物质利益必须用道德统帅。《周易·系辞下》有云："理财正辞，禁民为非曰义。"是说理财必须受道义之约束，临财毋苟得。这里所说的道义，是循自然规律办事为道，符合民众利益为义，失去道义而取得的财富和利益，后患无穷。

"道"这种存在与"器"（物质）不同，"道"无形，无始无终，故难以量测，只有融于自然之中才能感悟到。"道"这种存在和"物"不同，是可以共享的，譬如知识、规律、信息等，可以传授给别人，自己并不失去。但是对"道"的体悟和接受能力却很不一样，这与受者的阅历、知识积累、自我修养、悟性有密切关系。因此，注重"道"的人，多淡泊名利而更注重完善自己的品德、修养，不重视外求于物，而重视内求于道。重视"道"者并非不重视"物"，他们更珍惜器物，不浪费器物，从器物之中体察感悟"道"的存在，"道非器不形，器非道不立"（朱熹《文集·答丘子野》）。知"道"者不仅注意物之形，而且重视物之性，了解物变化之理则，能穷其理、尽其性，充分发挥物的作用，而不仅仅是自己占有，更要使物为民所用。透过对器物的认知，而达于"道"，是认知能力的重大升华。

> 与天地相似，故不违；知周乎万物而道济天下，故不过；旁（方）行不流，乐天知命，故不忧；安土敦乎仁，故能爱；范围天地之化而不过，曲成万物而不遗。
>
> ——《周易·系辞上》

这是说行事与天地之道相合，周通万物之性而利于天下，就不会有过错；做事方正而不邪曲，做力所能及之事就不会有忧虑；安于立足之地做有利于公众的事，就能兼爱天下；"易与天地准，故能弥纶天地之道"，就能囊括天地的各种变化而不过分，俱知万物而不遗漏。这里告诉我们做事要想没有过错，必须达到**两个最基本的条件，第一是办事不违背自然规律（与天地相似故不违）；第二是办事必须对民众有利，不能违背百姓的意愿（道济天下）**。这就是遵天地之道，遵人之道啊。

> 昔者圣人之作易也，将以顺性命之理，是以立天之道曰阴与阳，立地之道曰柔与刚，立人之道曰仁与义。
>
> ——《周易·说卦传》

是说做事要"顺性命之理",要将天道、地道、人道包括其中,才能"穷理尽性以至于命",达到体道、明理、知命的"道"之境界。

6.对待流行

如前所述,《周易》所描述的自然界是自动、自流、自生、自化的自组织、自洽体系,这个体系是如何运作起来的呢?

《周易》有云:"一阴一阳谓之道。"《老子》曰:"万物负阴而抱阳,冲气以为和。"《庄子》曰:"易以道阴阳。"这些都说明阴阳运化是天下之达道也。天地万物本来就是一对一待,相比而生的。有高就有低,有贵就有贱,磁分南北,电有正负,生物分雌雄,人分男女,这就是我们生活的"一对一待"的世界。

> 天地万物,一对一待,易之象也。盖未画易之前,一部《易经》已列于两间。故天尊地卑,未有易卦之乾坤,而乾坤已定矣。卑高以陈,未有易卦之贵贱,而贵贱已位矣……在天成象,在地成形,未有易卦之变化,而变化已见矣。圣人之易,不过模写其象数而已,非有心安排也。

> ——来知德《周易集注·系辞》

这段话通俗明白地告诉我们:**其一,易本自然**。在伏羲未画卦之前,自然界原本就有自然之易。这就是自然界固有之象、固有之数、固有之理、固有之气,象、数、理、气混一而成易之道。**其二,一对一待易之象**。"天下之万声,出于一阖一辟;天下之万理,出于一动一静;天下之万数,出于一奇一偶;天下之万象,出于一方一圆。方圆也,动静也,奇偶也,阖辟也,总不出于一与二也。"(张介宾《类经附翼·医易义》)这就是一阴一阳之谓道,是对待现象最简赅的概括。**其三,科学研究切忌"有心安排"**。圣人作易,是对自然固有象的摹写,而不是有意安排的。在对自然事物、社会状态进行考察时,最忌讳主观好恶、主观愿望、主观臆断、主观预设之弊病。当主观臆断背离自然固有规律时,正是工作走上歧路之时。

阴阳对待关系和矛盾对立关系是不同的。矛盾对立关系,来源于《韩非子·难一》的一则寓言故事。

> 楚人有鬻盾与矛者。誉之曰:"吾盾之坚,物莫能陷也。"又

誉其矛曰："吾矛之利，于物无不陷也。"或曰："以子之矛，陷

子之盾，何如？"其人弗能应也，夫不可陷之盾，与无不陷之矛，

不可同世而立。

矛与盾是两种截然相反，且又是"不可同世而立"的对立关系，不是矛
折，就是盾穿，对立双方没有调和的余地。这种情况并非普遍现象，不能把所
有相反相成的两方都看成誓不两立的关系，特别是不能扩大到一切方面。在自
然现象和社会关系中要区别矛盾对立关系与阴阳对待关系。

同矛盾相比，阴阳更确切地表达了辩证关系的准确概念。矛盾
虽然表明了任何事物都有矛盾那样的性质相反的两面，但显然过于
勉强，实际上事物的性质并不都是"以子之矛，陷子之盾"那样简
单的针尖对麦芒的敌对关系。除了互相对立之外，还可以有互补互
生、相互转化等多种关系。而矛盾至少在字面上没有这许多含义。
阴阳则不然，它们可以概括事物内部的各种关系。①

《周易》将万事万物的对待关系简化为阴阳，是具有普遍意义的。
"矛"与"盾"之间，没有中间项，没有回旋的余地，而"阴""阳"之间
可以有"少阴""少阳"的过渡项。"冷""热"之间有凉温的过渡项，
"轻""重"之间有稍轻稍重的过渡项，一切对待关系的两极之间，都是相对
的，是可以过渡，可以转化，可以调节，有回旋余地的，这与"矛盾对立"关
系是不同的。

这个"一对一待"的世界，之所以没有表现为分裂而走向极端，是因为
对待的双方是相比而生，相济而化，相辅相成，相互转化，对待流行，和谐共
处，生生不息的。所谓相比而生，指对待双方是以对方的存在为自己存在的根
据，是在比较之中存在的。没有天高，就不显地卑；没有夏天的炎热，就不显
冬天的寒冷。所谓相济而化，指对待双方是相互需要的，是可以相互帮助，可
以沟通的，并因此相互影响而生变化。孤阴不生，独阳不长，阴阳和合而生生
不息。所谓相辅相成，是对待双方恰好取长补短而成完美，而成事业。由于不
同则各有个性，各有闪光点，能统合各方之长处，才能不断进步、发展，这就
是"和实生物"的道理。如果只认为自己好，只认同一种性格、一种观念，排
斥其他，听不得不同的声音，这就是自我封闭，就是"同则不继"，就是单边

①张家诚，《东方的智慧》（78～81页），当代中国出版社，2005.

主义的危害。所谓相互转化，是说对待的双方，你中有我，我中有你，在一定条件之下，可以相互转化。高可变低，低可变高；冷可变热，热可变冷；动极而静，静极而动；阴盛而生阳，阳盛而生阴。所谓对待流行，是指对待双方的差异本身就是运动的根源和动力。高低之间有位能差，位能可转化成动能而导致运动；冷热之间产生温差而导致对流；轻重之间产生比重之差而导致分异；张压之差产生应力差而导致位移；男女之间因性别差，产生爱慕而导致生育而延续后代……这就是由对待而产生流行，这种运动生化随着对待双方所在的环境因素的不断变换而永不停息，"生生之谓易"，"日新之谓盛德"，这是大自然固有的品德，是不需要什么"第一推动力"，更不需要"上帝之手"来推动的。这就是以《周易》《老子》为代表的中国传统文化所描述的自动、自流、自生、自化的自组织、自洽体系的自然界，与当代系统科学、复杂性科学、非线性科学所阐述的自然界，何其相似乃尔。

二、《易传》的认知论——格物致知

中国古代没有"科学"这个名词，但并不是没有科学活动和科学理论。和"科学"比较相近的称为"格物"，是儒学八法之始。

> 所谓致知在格物者，言欲致吾之知，在即物而穷其理也。盖人心之灵，莫不有知，而天下之物，莫不有理。惟于理有未穷，故其知有不尽也。是以《大学》始教，必使学者即凡天下之物莫不因其已知之理而益穷之，以求至乎其极，至于用力之久，而一旦豁然贯通焉，则众物之表里精粗无不到，而吾心之全体大用无不明矣。此谓物格，此谓知之至也。

——《大学·五章》

这是说人都有知觉而能感悟，世间万物都有规律和理则。所以人只要观察感通，就可以了解众物之理，知其表里，知其精粗，知其变化，豁然贯通，并因格物知理而达致用。

所谓格者，其一有感通之义也，如"格于皇天"；其二有持物分类之义也，犹如中药分格而盛之；其三有变革之意也，如"格则承之庸之"；其四有标准法式之意也，如规格、格式、合格之谓也；其五有格斗、格杀之意，分解、解剖之意；其六有穷究其理而得规律者也，格物致知之谓也。格于物获得知识，就是中国传统的认识论。

《易传》给出了一个比较完整的认识论体系，并在实践应用、理论分析和思辨中有其特色。比较强调主客观融合直观感通；观物通理；重视恒（常态）异（特异）之辨；万物皆变，不是乱变而是要达到"唯变所适"；物与物，物与人，人与人，人与地，地与天之间都有程度不同的感应联系，并形成关系网络，成为一个有机的整体。这是一整套比较完整的"格物致知"的认识论体系。

1. 感而遂通

《易传》认知事物有一个倾向，它虽然也注意物质的性质和组成，但更重视事物之间的感应关系。

> 同声相应，同气相求。水流湿，火就燥。云从龙，风从虎。圣人作而万物睹。本乎天者亲上，本乎地者亲下，则各从其类也。

> —— 《周易·乾·文言》

这段话前已引述，在这里主要说明的是事物之间的感应关系。相同的声音可以共鸣，相同品位的事物则十分投缘。水与湿相关联，火与燥相亲合。龙飞而云绕，虎行而风生，圣人做事众生都愿意效仿。与天相近的事物就向上而亲近天，与地相近的事物就向下而亲近地。所有这些现象都说明性质相近的事物，愿意在一起，各从其类。

《周易》中有一卦曰"咸"，是专讲"感"字的。

> 咸（䷞）亨，利贞。取女吉。

> 彖曰：咸，感也。柔上而刚下，二气感应以相与，止而说（悦），男下女，是以"亨利贞，取女吉"也。天地感，而万物化生。圣人感人心，而天下和平。观其所感，而天地万物之情可见矣。

这段话有四层意思：其一，是说男女之间由感而生情。咸卦上兑下艮，"艮止则感之至，兑悦则应之至"（来知德，《易经来注图解》，巴蜀书社，

1998）。少男少女二气感应而相与，所以亨利贞，娶女吉。其二，是说天地相感，是使万物化生的根本原因。天地细缊，万物化醇，鼓之以雷霆，润之以风雨。天地之大德曰生，天地相感而万物生焉。其三，是说人类社会相感也非常重要，而且更为复杂。《周易·系辞下》有云："是故爱恶相攻，而吉凶生。远近相取，而悔吝生。情伪相感，而利害生。"如此纷乱的关系，需要圣人以道德感化民众，则能使天下和平。其四，是说世间万物都有所感应，都处在一个庞大的关系网络之中，只要我们融入自然之中去观察，天地万物之情都可见到。故有"易无思也，无为也，寂然不动，感而遂通天下之故"。（《周易·系辞上》）由是观之，"感"而"应"并达于"通"，其意义大矣哉。

其一，感应现象的普遍性

感应现象是普遍存在的，诸如物与物之间有吸引和排斥；有溶解和沉淀；有些地方受挤压，另外一些地方就受到拉张；有冷热对流；有谐波共振等等。人与自然之间则有环境的适应与选择，有衣食住行的依赖与利用，有生活废物的净化，有自然灾害的防避等等。人与人之间则更有爱恶情仇、喜怒哀乐、利害权衡等等。总之，有各种各样的感应现象存在于世间，构成一个复杂的关系网络。

这种感应现象，古人生活于自然当中，很早就体验到了。古人在狩猎和采集活动中，就知道在森林中猎虎豹，在草原上猎牛羊；知道什么季节采摘什么果子，雷雨过后在林中采蘑菇。农牧业兴起之后，庄稼、牲畜随季节、气候、环境的变化关系，古人知道得更为精细，并成为指导农牧业生产的经验。在夏代，人们将生物器物感时而动的现象记录下来，编成《夏小正》成为物候学的滥觞。

古人对天地人之间的感应现象也发现得很早。首先是对太阳和月亮变化的观察，日出之后为昼，日没之后为夜，一昼一夜为一天；月晦→月望→月晦为一月。白天最长的一天为夏至，黑夜最长的一天为冬至，昼夜长短适中的为春分秋分，知四季而成岁。二十八星宿绕北极星旋转，北极星不动，而北斗柄指向不同，观星而知时辰。

三代以上，人人皆知天文。"七月流火"，农夫之辞也。"三星在户"，妇人之语也。"月离于毕"，戍卒之作也。"龙尾伏辰"，儿童之谣也。

——顾炎武《日知录》

古代人人皆知天文，确实如此。日照地表，水汽绸缊而上腾为云，云积而阴云密布，雷雨交加而下落。月有盈亏而感应海水，发生潮汐变化。如此诸多现象，虽不知其理，却深知其相互关联，并应用于生活的实践，成为经验性的知识。

更有价值的是一些天象、地象与社会变化相关联的感应现象的记录，如《竹书纪年》有：

> 帝癸十年，五星错行，夜中星陨如雨，地震，伊洛竭。
> 帝辛三十二年，五星聚于房，有赤乌集于周社。
> 帝辛四十三年，峣山崩，三川涸。
> 幽王二年，泾、渭、洛竭，岐山崩，三年冬，大震雷。四年，
> 夏六月，陨霜。

帝癸十年，即夏桀十年（约公元前1809年），这里将地震现象放在"五星错行""星陨如雨"的天文背景中去描写，并指出地震的次生灾害是使伊、洛断流而枯竭。进一步引申是夏朝衰亡的征兆。[1]

帝辛三十二年（约公元前1077年），是殷纣王当政之时，天象是"五星聚于房"，这时"有赤乌集于周社"，象征殷政无道，天降祥瑞于周。帝辛四十三年（约公元前1066年）发生地震，造成"峣山崩""三川涸"，是殷商衰亡之征兆。[2]

幽王二年（公元前780年）泾、渭、洛三河断流，岐山崩，地震甚巨，这次地震相当于《国语·周语上·伯阳父论地震》的那次地震。第二年冬又发生大地震，伴随有地声、地光，相当于《诗·小雅·十月之交》所描写的地震（"烨烨震电"，"百川沸腾"，"高岸为谷，深谷为陵"），并且有夏季六月陨霜的气候异常现象。被伯阳父解释为"昔伊洛竭而夏亡，河竭而商亡，今周德若二代之季矣"，是西周将亡的征兆。[3]

---

[1][3]商宏宽，《周易》对我国古代地震科学发展的影响，《中国历史地震研究文集》（2），地震出版社，1991.

[2]有关殷商末年的年代，颇有争议，本文参考王永岐著《周武王年寿考——兼谈商周断代》（5～9页），远方出版社，2013.

春秋时期的《晏子春秋》就介绍有和地震有关的两则故事：

……晏子曰："嘻！亦善矣，能为君请寿也。……今徒祭，可以益寿乎？然则福兆有见乎？"对曰："得寿，地将动。"晏子曰："骞，昔吾见维星绝，枢星散，地其动，汝以是乎？"柏常骞俯，有闲，仰而对曰："然。"

景公问太卜曰："汝之道何能？"对曰："臣能动地。"公召晏子而告之，……晏子默然不对，出，见太卜曰："昔吾见钩星在驷、心之间，其地动乎？"太卜曰："然。"……太卜走，入见公曰："臣非能动地，地固将动也。"

此两则故事发生于公元前547年至公元前490年间，晏婴、柏常骞和太卜（官名）都认为地震活动与星象变化有关。文中的"维星"指北极星，为什么古人对发生在地下的地震，都想到天上去找征兆呢？这可能与《周易》《老子》等典籍的启发有关。《周易·坤·文言》有云："坤至柔而动也刚，至静而德方，后得主而有常。"又："坤道其顺乎，承天而时行。"是说：大地虽然非常温顺，但动起来却很刚烈，宁静才是其本色，地道是顺乎天而动的。地发生震动可能与天有关系。《周易·贲·象》有云："观乎天文，以察时变。"大地之变动、人间的变动，可能与天变有关。《老子》也说"人法地，地法天"，人生活在大地上，受地的限控，地被天所覆盖，受天的限控。的确海潮对月亮引力的感应，地表气象对太阳黑子的感应都是十分明显的。因此，古人用"星象"变化探索地震发生的线索，也许是有些根据的。

现今科学发展，已经有天文地质学问世，引力共振理论出现，以及宇宙射线和磁暴暴发等宇宙环境变化的观测，这些都和地壳构造活动有一定关系。对天地感应关系的探讨，时至今日是一个站在科学前沿的重要课题，许多涉及地球的巨型灾变事件，仅仅从地球自身研究是解决不了的，诸如地球历史上几次生物大灭绝与生物大暴发事件，地磁场的转向事件，都必须从更大的空间和时间尺度去考量，宇宙环境因素的研究是重要课题，天地感应是值得深究的问题。

关于人类社会的感应，更为直观，也更为复杂，这里有"爱恶相攻"，"远近相取"，"情伪相感"等诸多纠结，构成复杂的关系网络。在这仅谈三方面感应现象，一为教化，一为音乐的感化，一为社会风气的所谓风化。

"圣人感人心，而天下和平"，是强调圣人以道德教化民众，而使天下免于纷争，实现和谐。孔子生于"礼崩乐坏"、以争权夺利为务的动乱时代，所以孔子提倡教育，其口号是"有教无类"，宣传"克己复礼，天下归仁"，试图形成一种社会秩序，而达到人与人之间的相敬相爱，以达到"礼之用，和为贵"，他整理《诗》《书》《礼》《乐》《春秋》和《易》等古代典籍，以立社会的规矩，试图改变社会风气。孔子毕一生而为之，当时弟子满天下，儒家学说成为显学，并影响到后世，一直到当下，其功甚大。社会教化的目的是通过教育，使人们有知识，懂伦理，有理想，有事业，有责任，有信仰，能融入社会，成为社会需要的成员。虽然，不同的社会背景，教化的内容都会打上不同的社会烙印，但是，社会的教化功能是不可或缺的。

孔子在教化中，十分重视音乐的感染力。他深知音乐对人的感染力之重要，提倡好的音乐，摈弃淫靡之音乐。一次颜渊问管理邦国之道：

> 颜渊问为邦。子曰：行夏之时，乘殷之辂（路），服周之冕。
> 乐则韶舞，放郑声，远佞人。郑声淫，佞人殆。
>
> ——《论语·卫灵公》

孔子告诉他：行夏之时，走殷之路，穿周代之冠冕，演奏舜时韶舞，禁绝郑国的靡靡之音，远离奸佞小人。郑声淫荡，奸佞小人危害邦国。

> 恶紫之夺朱也，恶郑声之乱雅乐也，恶利口之覆邦家者。
>
> ——《论语·阳货》

孔子在此进一步强调他所厌恶的事，他所厌恶的是以邪侵正：一曰色要正，恶紫之夺朱；一曰音要正，恶郑声之乱雅乐；三曰言要正，恶巧辩之恶言乱政。这里都强调音乐的作用是不能忽视的。孔子特别强调"正乐"的感化作用，曾说："兴于诗，立于礼，成于乐。"（《论语·泰伯》）认为"乐"可以养人之性情，涤荡其邪秽，消融其渣滓，故学者之终，所以至于义精仁熟，而自和顺于道德者，就是因为淳正音乐而能达到的效果。

社会风气，是社会时尚的反映。这和当时的社会发展，人们的思想观念，特别是社会上层所提倡的政策有关系。社会风气的影响，大到一国，一个民族，小到一个城镇，一个地区，甚至一个村落，都可能形成独特的风气，诸如国风、民风、学风、校风乃至行业之风等等。社会风尚亦是潜移默化地影响着每一个人，所以才有孟母三迁选择邻居，以给幼小的孟子一个好的学习成长的环境。

综上所述，世界上各处都普遍存在着感应现象，这种感应现象体现了自然界和人类社会复杂的关系网络及其演变、发展的脉络，是了解自然和社会的一把钥匙。

其二，感应现象的差异性与选择性

感应现象的普遍性，是说事物之间普遍有相互感应的现象，但并非所有事物的感应都相同，不同的事物对某种作用的感应是有差别的。例如磁铁对含铁的物质有感应，对含铁少的物质感应就差，对不含铁物质则无感应。不同强度的物体，在力的作用下，其感应方式和程度也不相同，较软的物体以形变来消减外力，较硬的物体就以自身的强度抵抗外力。感应的差异性存在的原因主要表现在事物本身的状态结构，性质（习性）和外在作用的方式及强弱。物体的状态是指其存在的状态，一般分为气态、液态、固态等。物体还因其机能而分无机物、有机物。有机物又分微生物、植物、动物和人类。这些不同物体的感应能力是有差别的。

气体在力的作用下表现为扩散和流动，诸如从密度高的地方向密度低的地方流动，从气压大的地方向气压小的地方流动。这种流动就形成风。有微风、和风、中风、大风、飓风，并且能形成控制全球的大气环流。它们有些有很大的能量，可以裹挟大量水汽而引起狂风暴雨，有些可挟带大量砂石泥土，而这些裹挟物则以其自身的密度在不同远近距离落下，称之为"自然分选"。

液体物质在力的作用下，亦表现为流动，诸如水位高向水位低处流，水压高向水压低的地方流动等。这种流动小如溪流，大如河流，在大洋之中还存在洋流。这种流动蕴有能量，可以裹挟石块、泥沙，并且以其自身的密度大小而有序地下落沉积，称之为"自然分选"。我们的古人以此原理，在泥沙中可筛选黄金。

其中固体物质对力的反应差异较大，坚硬的物质，以本身的强度，抵御外力；比较柔软的物质，则以其自身的形变来消解外力，这就是《周易》所说的"地之道曰柔与刚"。这些物体自身有其强度极限，达到强度极限，物体就会粉身碎骨。

"日以烜之""月以揉之""震以动之""风以散之""雨以润之"……这些都是塑造地球表面的重要营力，改变着地形、地貌、结构、构造，形成千差万别的地质地理条件。

植物作为有生命之物，在各种自然营力作用下，不像无机物那样被动（"被选择"），而能较主动地感应环境，寻找"地之宜"的环境而生存、繁衍，从而形成不同植物生长的区和带，也即是自然的生态环境。动物对环境的感应能力更为主动，对喜欢的可以追逐，对厌恶的则主动避开。无论是无机物的"被选择"、植物的"适应性选择"，还是动物的"主动选择"，都是"自然选择"，在这种由感应而选择，并形成"群分""类聚"的情况，自然而然形成的生态环境是十分和谐的。

人类作为有智慧的生物，对自然环境的感应能力更胜一筹。对自然环境不仅有选择能力，而且还要改造—创造自然环境，随着人类社会的进步发展，走出了四个阶段：人类刚刚脱离动物，能够利用工具，创造简单的工具，以采集自然果实和狩猎为主，是为洪荒时代；之后人类进入农牧时代，能自己种粮食，养牲畜，《周易》就是这个时代的文化代表作，提出道法自然的主张；再以后，是近700年左右，进入工业文明时代，机械工业以煤炭石油为动力，各种化学制品充斥市场，造成了人类与自然的尖锐矛盾，导致亿万年形成的自然生态平衡被打破，物种灭绝或种群失调，造成不可再生或很难再生的资源的"渗漏"，损害了人类生活环境系统自治结构的平衡，污染严重，逼着人们非走生态文明这条路不可。[①] "生态文明"是回归自然——在更高层次上朝向自然的复归，[②] 这是道法自然思想的胜利。

其三，感而遂通，是感其性情，通其理则

感而遂通，首先必须要融入自然之中，与自然环境及相关的事物自然而然发生感应关系。通过感观（如视、听、嗅、味和触摸）而感知其形状，大小，软硬，冷暖，颜色，味道，声音……这只是感其表象。通过表象反映于大脑，形成印象、记忆而产生"情感"，是爱好还是憎恶，是亲和、适应还是厌

---

①商宏宽，自然灾害研究中几个观念问题的讨论，《工程地质学报》V01.1，No.3，1996.
②傅荆原，广义生态文明与狭义生态文明，《中医文化·生态文明·自然国学论文摘要汇编》，北京中医生态文化研究会首届会员大会，2014.

弃、敌对，由"情伪"而决定关系。进而更深入地要通达事物变化的法则而决定对事物规则性的理解，并逐渐形成应对措施，这就是"通情达理"的过程。这一过程并不神秘，是自然而然发生的。啄木鸟敲击树木，乃知树干中是否藏有虫而食之。它不是通过振动反射推理计算，而是通过感通实践，达到熟练。在水中有一种鱼，可以向岸边的植物喷射水柱，击落昆虫而食之。它不知道水的折光率与空气的折光率有所不同，水与空气对喷射水柱的阻力有多大，水柱经过路径轨迹是什么样，而通过"感通"实践，达到百发百中，成为其谋生的手段。

人在与自然界的交往中，也有感通现象存在，只是习以为常而不觉。地质人员在野外进行地质考察，用手锤敲击着岩石，犹如和岩石对话，一问一答，岩石因其结构、物质组成、密度、硬度等的不同，敲击时发出的声音，反弹时对手的感觉，击落的石渣形状、断口等有细微的差别，对新手来说，感觉不到什么，老手则能辨别是砂岩、泥岩、灰岩、白云岩、石英岩、花岗岩、片麻岩等。虽然言语说不清楚其微小差别和特征，却完全可以感而遂通，对所经过的地方的岩石组成、结构构造了然于胸。

医生对坐于患者面前，给你号脉，静静地感受你的脉动，知道你的五脏六腑的病兆，给你开出有针对性的方剂。脉动的微小变化，强弱、滑滞、急速、清浊，外行分不清楚，内行知门道。虽然不可言传，全凭实践感通。类似的事例不胜枚举。

感而遂通，既是一种直观感知能力，又是一种激发灵感的重要方法。感通是处于物我合一的状态，直接与自然沟通，便于发现自然固有的各种微弱的信息，而较少受已有知识理论和前人之见的约束。这与逻辑推理有本质差别。逻辑推理是以人脑中已有的知识为基础，这种知识虽有某种经验的合理性，但却和自然原型有一定差距。这种差距或者因为观察视角不同，或者因为事物随环境条件的改变而有所变化，甚至因为研究者为便利于计算推演而删除一些因素，简化了模型而造成的人为误差，故而推理越远就与自然契合性越差，所以逻辑推理发现自然固有规律的能力要差。因为感通过程是和自然界交流的第一手资料和信息，易发现新的情况，并触发灵感，更容易有新的发现。中国传统的认识方法中，比较重视直观感通，是值得认真总结和深入发掘的。

2. 观物通理

上节所述"感通"之功，关键在于"观物"。"观物"在《易经》的认识过程中有重要的地位。伏羲作八卦，就是从观天文，察地理，观鸟兽之文，察地之宜所生植物，近取诸身，远取诸物，对这个大千世界作全面观察而总结出影响人们生活的八大因素，达到类万物之情，通神明之德的目的。可见"观物"是伏羲作八卦的基础。

观，有观察、观测、比较、选取、疏理等广泛的内容。

其一，观卦的启示

观（䷀）盥而不荐，有孚颙若。

彖曰：大观在上，顺而巽，中正以观天下，观。盥而不荐，有孚颙若，下观而化也。观天之神道，而四时不忒。圣人以神道设教，而天下服矣。

象曰：风行地上，观。先王以省方观民设教。

"盥"——祭祀时以酒沃地，以迎神祇；"荐"——献牲礼于神；"孚"——信，诚信；"颙"——敬，虔敬。是说祭祀时灌酒而不献牺牲，有诚信虔敬之心，亦可观了。祭祀不在于表面上的祭礼之丰盛，更要有诚信虔敬之心。

《彖辞》有云：君王遍观于上，尊顺（坤）于道，态度谦逊（巽），并以公正之心观天下事物，虽然灌而不献，只要有敬信之心，亦可以教化百姓了。以天道四时顺至，而教民顺天守时，天下服应。象辞有云：道德之风遍行于地上，这就是"观"，先王以省视地方，巡视民情教化。

这里要强调"观察"的原则问题：其一为顺（坤），观察要遵循自然规律，而不能违背自然规律；其二要逊（巽），态度虚心，谦逊谨慎，实事求是，不能有主观的好恶；其三要中正、公平、不偏不倚，才能观察真实现象；其四观察不是静止地看问题，而是要重视动态，要"下观而化"；其五，不要只看表面形式，更要看内心实质；其六，以自然之道教育民众，止于至善。

故，以身观身，以家观家，以乡观乡，以邦观邦，以天下观天下，吾何以知天下然哉？以此。

——《老子·五十四章》

可见，"观"是了解身、家、乡、国，乃至天下实际情况的重要手段和方法。但观察的方法也是经过历练、经过多视角的观察体验，乃至观察者所处位置的不同，观察的效果也有所不同。故有：

初六：童观，小人无咎，君子吝。

六二：窥观，利女贞。

六三：观我生，进退。

六四：观国之光，利用宾于王。

九五：观我生，君子无咎。

上九：观其生，君子无咎。

童观，小孩子阅世不深，看问题浅薄，很自然，很可爱，但要是成年君子看问题很幼稚就很糟糕。

窥观，看问题受限制，只能在门缝向外看，对大门不出的女孩子还情有可原，但对正常的人，则不能片面地观察问题。

进入社会要对社会各阶层的人和事进行观察，以知进退；当担当一定要职，接近上层时，有机会观察国家政绩、礼仪和有权势的诸侯并朝见国王时，观察问题视野会扩大；当亲自临政，俯视臣民，从全局观察巡视才能符合实际，才能较少出现差错；当离开政坛，更有余暇，可观察其他国家的民情风俗，扩大眼界，又不妨碍新当政者，所以无咎。这是说随着人所处地位的不同，观察的视角境界也不相同。一方面是有实践的机会，才有观察更广领域的能力；一方面是"不在其位，不谋其政"，越权理政在当时的社会背景下是会有危险的。

其二，观物的层次性[①]

观物认识事物有一个由浅入深的过程，这就是从感观→心观→反观→贞观（即"穷理尽性，以至于命"）的整个认知过程。

> 人之所以灵于万物者，谓其目能收万物之色，耳能收万物之声，鼻能收万物之气，口能收万物之味，声色气味者，万物之体也；耳目口鼻者，万人之用也。
>
> ——邵雍《观物内篇》

---

①商宏宽，从《观物内篇》看邵雍的易学思想，纪念邵雍诞辰一千周年学术论文集，北京三式乾坤信息技术研究院，2011.

是说人之所以能感知万物，是因为万物有形体，并自然禀赋于其声色气味之性，而人的耳目口鼻这些感觉器官能收集到这些信息，通过信息交流而感知万物，这是认知的初级层次——感观层次。

　　夫所以谓之观物者，非以目观之也。非观之以目，而观之以心也。非观之以心，而观之以理也。

——邵雍《观物内篇》

是说通过感官观察事物，只能看到事物的表面，还不能全面深刻地认识事物，而要通过心（大脑）对各种信息的综合，以及自身的体验。这种以心观之，实际上是观察事物之理，这种由表及里，由片面到全面，由形象而达于理的认知过程，是知其性，知其变，知其则，是认知的一种升华，是认知的第二个层次——心观层次。

　　圣人之所以能一万物之情者，谓其能反观也。所以谓之反观者，不以我观物也。不以我观物者，以物观物之谓也。既能以物观物，又安有我于其间哉！

——邵雍《观物内篇》

以心观物，常常加入个人的感情因素，有喜好或厌恶，就有利害的权衡，并挟带有主观意志，观察就有可能违背客观真实性。这里提出"反观"非常重要，不是站在我的立场上观物，而是站在物的立场，或"他者"的立场上观物，才能达到"写彼之理，罗彼之性"，才能达到"无我于其间"的物我一体、融于自然的境界。那种"非有心安排"的客观认知深度，这是认知的第三个层次——反观层次。正如邵雍在《观物外篇》所云：

　　以物观物，性也；以我观物，情也。性公而明，情偏而暗。

在科学研究和考察过程中，主观好恶、主观愿望、主观预设是最难避免的弊病，是学术研究的大忌。而在《易》学理念里，早就提出"反观""以物观物"的认知方法，值得当今学人借鉴。

认知达到极致层次是"贞观"，是能"穷理尽性，以致于命"。

　　《易》曰："穷理尽性，以至于命。"所以谓之理者，物之理也；所以谓之性者，天之性也；所以谓之命者，处理性者也。所以能处理性者，非道而何？是知道为天地之本，天地为万物之本。

——邵雍《观物内篇》

是说能穷尽物之理，穷尽天赋于物之性，并能把握物理、天性的全过程。能达到"穷理尽性，以至于命"者，乃是知"道"者。"道"为天地之本，万物之本。正如《周易·系辞下》所云："天地之道，贞观者也。"这就从"形而下"的物质层面，升华到"形而上"的道的层面，达到贞观层次，是认知的最高层次。《周易》所谈的认知层次性理论，已经和现代的认知理论十分接近，而这是在几千年前提出来的，是多么难能可贵呀！

其三，观象会通

前文所述的"观物"，实际是观物所表现的形象、现象，是"物象"，是自然之物所蕴涵的各种信息。"格物致知"，实际是对物象之观察、分析、比较、观测甚至解剖研究，从而达到致知其理。

> 易与天地准，故能弥纶天地之道。仰以观于天文，俯以察于地理，是故知幽明之故。
>
> ——《周易·系辞上》

就是观万物之象、自然之象、格物之象、寻物之理的过程。

> 圣人有以见天下之赜，而拟诸其形容，象其物宜，是故谓之象。圣人有以见天下之动，而观其会通，以行其典礼，系辞焉。以断其吉凶，是故谓之爻。
>
> ——《周易·系辞上》

是说圣人观自然物象，并进而取象、立象，这个"象"是卦的阴阳之象，称之为"卦象"。"卦象"是由阴、阳爻组成。"爻变动"而断吉凶，是对"卦象"的分析。故有：

> 观变于阴阳而立卦，发挥于刚柔而生爻，和顺于道德而理于义，穷理尽性，以至于命。
>
> ——《周易·说卦传》

这是以观卦爻之象，模拟自然事物，经过分析爻变，使其和顺于道德并达到与天理道义相合，就可以达到贞观通理的境界。

观物象以自然为原型，经过格物致知的认知过程，可以达到明理通义的目的；观卦象模拟自然，经过对卦爻之象的分析，也可以达到观象会通理义

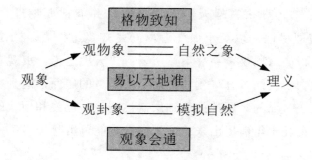

的目的，因为二者都是以天地自然为准，而且都是遵循道法自然的基本认知原理。

3．唯变所适

通过感通、观物、格物致知，发现世间万物皆变。仰观天文，日月星辰变化运动着；俯察地理，陵陆川泽变化运动着；观鸟兽之文，鸟鸣兽吼鱼游虫飞，变化运动着；观地宜之所生，树木花草亦在变化运动着；近取诸身，四肢百骸，五脏六腑，气血运行，亦在变化运动着；环顾社会，王朝更迭，仕宦升降，商贾买卖，农工劳作，芸芸众生都在运动着；六十四卦，三百八十四爻，卦卦皆动，爻爻皆变，象变数衍，都在变化运动着。所以，有些学者在翻译《周易》时，将其译为"研究变化的学问"，是很有见地的，因为变化是易的本质。

事物变化形式多种多样，本节着重介绍四种：圜道变化，生生为易，结构变易，穷则变，变则通，通则久。

第一，圜道变化

所谓圜道变化，是指事物周而复始、循环往复的变化，也被称之为天道循环。

> 大明终始，六位时成，时乘六龙以御天，乾道变化，各正性命。
>
> ——《周易·乾·彖》

依据太阳的升降，则东西南北上下的方向就确定了，乾卦的六爻随天时而动，则万物随之而各按自己命运而生活。这种时空节律影响着所有的生命活动，所以这种圜道变化，成为一切事物变化的背景动因。

这种天道循环形成的节律是复杂的，有不同层次、不同长短周期相互嵌套、互相叠加、互相消长，而构成复杂的节律。小者如一呼一吸，如脉搏之跳动，如不同声音形成的音律；中者如昼夜周期，《周易·蛊·彖》有"先甲三日，后甲三日，终则有（又）始，天行也"，说的是七日的周期；有月晦而望，望而又晦的月周期；人所共知的二十四节气和七十二候，这也是一种周期；《周易·临·彖》有"大亨以正，天之道也，至于八月凶，消不久也"，是说一年之内有阴阳消长的七个月的周期；十二地支构成每十二年有一个本命年，是十二年的周期；天干地支纪年，六十年一个轮回，构成六十年的周期；宋代的邵雍则又分世、运、会、元更长的周期：一世三十年；一运（十二世）三百六十年；一会（三十运）一万零八百年；一元（十二会）十二万九千六百年。以上这些周期，都可称之为"天道循环"。

在此讲一下关于七日的周期来源问题。一般认为是来源于《圣经》的《创世记》，是希伯来人创造的。但是，早在西周时就有"七日来复"的说法。《周易》中蛊卦、复卦、震卦、既济、巽卦、临卦，都有"七日来复"的说法。《周易》每卦为六爻，有"六位时成，时乘六龙以御天"的说法。到七则复，七日周期是天道自然的周期，是月亮运行的一个单元。一年中月亮运行53个单元，每单元为6.89天，这个周期是客观存在的。中华民族的发现，是在公元前一两千年；西方希伯来民族亦发现了，亦是在公元前一两千年。[①]这是人们观天探月行迹的重要发现。"《淮南子》有月亮每天东移十三度的记载；葛洪指出，日行一度，月行十三度……《黄帝内经·素问》讲得更准确一些：'行有分纪周有道理，日行一度，月行十三度有奇焉。'这是以地心为参考点考察日月运动最准确的记载。"[②] $13.25 \times 4 = 53$，正是一年有53个"七日来复"。人类和生物的生命节律中，确有"七日来复"的现象，如妇女月经周期为28天（4×7），人的情绪周期为28天。《黄帝内经·灵枢·岁露》所说："月满则海水西盛，人气积，肌肉充，皮肤致"；"月廓空，则海水东盛，人气血虚，其卫气去，形独居，肌肉减，皮肤纵"。是说人体气血流注与潮汐涨落、月相盈亏相关。

　　　　日夜一周，圜道也；月躔二十八宿，轸与角属，圜道也；精行

---

①柏杨，《中国人史纲》（上）（77页）："纪元前一二二○年希伯来部落酋长摩西，率领他的人民，走出埃及，到迦南地，在西奈山上，上帝耶和华亲授给摩西刻着'十诫'的金牌，犹太教自此诞生。"同心出版社，2005.

②郑军，《太极太玄体系》（35页），中国社会科学出版社，1992.

四时，一上一下各与遇，圜道也；物动则萌，萌而生，生而长，长
而大，大而成，成乃衰，衰乃杀，杀乃藏，圜道也；云气西行云云
然，冬夏不辍，水泉东流，日夜不休，上不竭，下不满，小为大，
重为轻，圜道也……圣王法之，以令其性，以定其正，以出号令，
令出于主口，官职受而行之，日夜不休，宣通下究，瀸于民心，遂
于四方，还周复归，至于主所，圜道也。令圜，则可不可、善不
善，无所壅矣。

——《吕氏春秋·圜道》

此段文字全面介绍了圜道变化。首先讲天道循环，昼夜交替，月躔
二十八星宿，精行四时，都是天体运行而产生的循环现象，这是圜道的根本源
头。其次谈生物的萌→生→长→大→成→衰→杀→藏的生命循环，各类生物，
各正性命，概莫能外。接着是讲自然界的水汽循环，海水蒸发上升为云，是谓
"重为轻"；云气西行云云然，"冬夏不辍"，是说海上之云气被季风吹向大
陆；云气遇冷而变成雨滴，是谓"小为大"而落下是为降雨，降雨又补给河流
及地下水；泉水、河水东流，"日夜不休"流回大海，构成一个完整的水汽循
环过程，上游不枯竭，下游不满槽，循环不已。这种对跨物态、跨地域、大时
空的自然循环的科学认识，发生于两千多年以前，实在是观物通理之典范。最
后，是讲政令之循环，这更是一种飞跃，将自然界的循环现象，引进社会学领
域并且广泛应用。圣王出号令→官职人员执行→宣通下究→达于民所→反馈
于王→加以完善，"则可不可、善不善，无所壅矣"。这个政令环成为真正的
"信息环"。

圜道也，一也，齐至贵，莫知其原，莫知其端，莫知其始，莫
知其终，而万物以为宗。

——《吕氏春秋·圜道》

对圜道作总结，说这种圜道是天地之间的根本性的规律，是太一，是最
为尊贵的，不知其来源，不知其开端，不知其终始，而天地之间的万物都以它
为宗。故而《周易·复》有云："复，其见天地之心乎。"是说周而复始的复
卦，是圜道的典型表现，它是统领天地间万事万物，影响万事万物的普遍性规
律，犹如天地之心一样啊。

综上所述，圜道变化有如下要点：其一，圜道变化规律是从自然现象观

察中总结出来的。其二圜道变化就是周而复始的循环往复，形成一种节律、准周期特征，而其根本原因则是天道运行过程在时空领域的反映。就地球领域而论，则是以太阳、地球、月亮三体运行的节律的影响最为显著，并构成一切事物变化的背景动因。其三，正因如此，这种圜道节律特征提供了天地之间事物变化的时空及应力环境背景，同时也影响了自然界的万事万物，并附应这种节律而生活，并且以各自的条件而"各正性命"。其四，这种圜道周期、准周期是有层次的，长周期包含许多短周期，各周期之间有相互嵌套、叠加、消长等相干效应，呈现一种十分复杂的情况。其五，这种循环并非简单地循环，而是有继承、有反馈、有发展、有改进的一种螺旋式演进的运动过程。①

第二，生生为易

在天道循环的大背景下，天地之间万物是如何发生的，这里有很多错综复杂的变化及事物之间相互作用关系。

> 天地缊缊，万物化醇。男女构精，万物化生。

> ——《周易·系辞下》

所谓"天地缊缊"，是指天的阳气下降，地的阴气上升，阴阳二气充满于天地之间，使万物都能秉受阴阳二气而化育。"男女构精"，实指兽的牡牝，鸟之雌雄，人之男女，整个生物界两性的生殖行为，从而使万物都能生生不息地繁衍下去。故有"生生之谓易""天地之大德曰生"的说法。因为这种生衍之性是自然禀赋的天性，是天地之本性，对尊天地、敬天地的古人来说，重视生命，厚待生命，就成为自然的伦理道德。

早在三皇时期的经典《三坟·气坟》中就有"天气归，地气藏，木气生，风气物，火气长，水气育，山气止，金气杀"，体现了八卦取象对庄稼生长过程的模拟，这里已经有季节、气候条件与作物生长发育过程的关系，以及阴阳五行观念对农业生产活动的指导作用。

> 雷以动之，风以散之，雨以润之，日以烜之，艮以止之，兑以
> 说之，乾以君之，坤以藏之。

> ——《周易·说卦传》

---

① 商宏宽，从《观物内篇》看邵雍的易学思想，纪念邵雍诞辰一千周年学术论文集，北京三式乾坤信息技术研究院，2011.

"雷以动之"是指春雷响震，地气上升，万物萌动；"风以散之"是指稻麦五谷花开，风吹粉散以受精；"雨以润之"，是指雨水滋润胚胎发育长大；"日以烜之"，是指粮果灌浆饱满成熟所需的温热条件；"艮以止之"，是说粮果成熟停止生长；"兑以说之"，"说"为"悦"，为丰收的喜悦；"乾以君之"，是说万物生长，全靠天气有规律的变化施为，天道循环是主宰；"坤以藏之"，是说冬天万物凋落，种子却复归于大地，待来年时机成熟，可再萌生。这是农作物生长发育的整个过程，是生命科学的早期总结。

> 道生之，德畜之，物形之，势成之。是以万物莫不尊道而贵德。道之尊，德之贵，夫莫之命而常自然。故，道生之、德畜之、长之、育之、亭之、毒之、养之、覆之，生而不有，为而不恃，长而不宰，是谓玄德。
>
> ——《老子·五十一章》

这里的"道生之"指的就是自然之道，也就是《周易·乾·象》所说的："大哉乾元，万物资始，乃统天。"这里的"德畜之"，就是《周易·坤·象》所说的："至哉坤元，万物滋生，乃顺承天。"即自然之道在大地上的具体体现，是地之德（坤德）顺承天时而孕育万物。在"乾道变化"和"坤厚载物"的联合作用下，则万物"各正性命""品物咸亨"。阴阳二气气化而成形，这就是"物形之"。各种物种有自己的发育途径和成长过程，以势而成之，就是"势成之"。在道（乾）、德（坤）之统帅下，"道生之，德畜之，物形之，势成之"，万物就自然而然地发生了，并不是有人乃至"神"特意安排的。"莫之命而常自然"，这就是《老子》的自然生成论。

"道生之、德畜之、长之、育之、亭之、毒之、养之、覆之"，是说在天覆地载之下，万物生长、发育、亭其形、成其质（毒之），滋养与呵护之下成长。虽然天地使万物生长发育，但却无宰控之意。这种无私、无欲，才称其为极深远极博大的德性（玄德）呀！

《周易》和《老子》的"自然生成论"是中国的传统思想，有别于"神创论"。首先，自然生成论强调"夫莫之命而常自然"，不是什么人，更不是什么神仙的有意安排，而是自然而然发生的。其次，自然生成论强调自然界本身就有使万物生长发育的能力，天地之大德就是能够生育万物。这种认识既符合客观真实，也为现代科学成果所证实。

天地之大德曰生，是在天道循环的背景动因之下，万物自生繁衍的一种变化方式，这里有继承、有复制、有取舍、有对环境的适应、有获得、有进步、有创新、有发展。"生生之谓易"，是说万物皆有阴阳，皆有新陈代谢，生生不已，皆是变易，变易乃物之本性。这种变易是在天道循环的背景动因鼓动之下，万物内在生长动因作用的体现。

第三，结构变易

所谓"结构"是指事物的秩序状态。每种事物的秩序状态，是阴阳、刚柔对待双方，在自然发展的漫长过程中，自然而然形成的一种自组织状态，是相对稳定的，但却并非一成不变的，而是可以变易的，这种变易称为"结构变易"。"结构变易"是近代材料科学及软科学中非常热门的学问。

"结构变易"，是结构受环境条件中物质流、能量流和信息流的影响，而导致结构的解体、重组、调整的变化过程。也就是环境的背景动因与物内的生长动因相互感应的一种变易。"结构变易"的结果，常常是使结构丢弃了某些性质，而增加了另一些性质而使结构与环境的适应性增强了。凡此种种"结构变易"现象都以质变、跃迁等不连续、非线性形式出现。同样的碳原子组织结构不同，可以产生金刚石和石墨两种截然不同的物质，这在物理学中称之为"相变"；同样的国家，由不同的党派或领导集团执政，就可能产生不同政体的国家政权，称之为"政变"。可见"结构变易"是一种质变，对事物状态有质的飞跃，是非常值得重视的一种变化。

《周易》特别重视事物的分层有序性的位—能结构，所以对"位"的概念给予特殊的重视。《周易·系辞上》有："天地设位，而易行乎其中矣。"是说天地定位，高卑以陈，六位时成，时乘六龙以御天，阴阳相济，刚柔相荡，于是易就行于其中了。有位限定，有序之变化就行于其中了。又说："易简而天下之理得，天下之理得，而成位乎其中矣。"是说乾易之德坤简之能，而成天下之理，则阴阳、刚柔、上下、贵贱就可以定位，并按其位行其事。《周易·系辞下》也说："天地之大德曰生，圣人之大宝曰位。"天地最大的品德是化生万物，圣人最重要的就是岗位。要想干一番事业，没有岗位分工是不行的。

就物质层面来讲，位高者（金刚石与石墨比较）则结构紧密，强度高，蕴含的能量大，承受压力的能量强；对人类社会来讲，位高者（领导者与群众比较），则德智均为上乘，工作能力、组织能力、应变能力都高于常人。

但是，自然界是复杂的，常出现位－能不相匹配的情况。

> 德薄而位尊，知小而谋大，少力而任重，鲜不及矣。《易》
> 曰："鼎折足，覆公𫗧，其形渥，凶。"言不胜其任也。
>
> ——《周易·系辞下》

是说德薄而所在地位却很尊贵，才智不足而所谋之事体很大，缺乏力量却又承担重任，这是力不从心的危险态势。就像《周易·鼎·九四》所说的鼎足折断，鼎身翻倒，公侯祭祀的菜汤泼洒于地，其形渥浊已不堪用，是凶险之兆。这是说折足之鼎不堪其任也，对这种不稳定因素应提早洞察，以便防患于未然。

> "亢龙有悔"，何谓也？子曰："贵而无位，高而无民，贤人
> 在下位而无辅，是以动而有悔也。"
>
> ——《周易·乾·文言》

有人问孔子"亢龙有悔"是什么意思呢？子曰：身份尊贵而没有实际的岗位，高高在上而没有民众的支持，脱离有能力有才学的贤人而得不到帮助，所以想做什么事也做不成，动而有悔。故，要干成一番事业，要居于有利的地位，要有好的德行和操守、聪明才智和堪当重任的能力，还需要有贤人的辅佐，不当位或当位而不胜任都不成。这也是一个结构组成中优化组合的问题，是结构变易的重要问题。

第四，穷则变，变则通，通则久

对于一种生物来说，要能适应环境的变化而改变自己的习性，甚至要改变其内部结构（结构变易），这就是要有质变。所谓"穷"，就是原有的习性、机能，原有的招数已经穷尽其能还不管用，就得重新改变、学习，以适应变化了的环境。犹如一直生活在水中的生物，水逐渐干涸，许多鱼都死掉了，但有些鱼类却能在泥沼中维系生命，并逐渐由用鳃呼吸改为用肺部呼吸，将鳍变成了腿，既能生活在水中又能生活在陆上，于是两栖类动物出现了。这就是"穷则变，变则通，通则久"的道理，知变通而得以保其种系的存活，那些不知或不能变通者就被严酷的环境变化所淘汰。

譬如活字印刷是中国古代四大发明之一，它改变了手抄、手刻的书写方式，从而能将大部头书籍成批量地印刷生产，使信息传播形式发生空前的革命。然而随着科技的进步，随着电脑排版、光盘录制的出现，使整个印刷业又出现了天翻地覆的变化。如果还抱着铅字排版印刷不放，则只能被社会所淘

汰。这就是要变通、要改革、要与时俱进的道理。

《周易·系辞下》所提倡的"穷则变，变则通，通则久"的思想，是何等的深刻，这里所说的"变"并非是表面的、形式上的变，而是从思想上、观念上、组织结构上的变，是来不得半点虚伪的真正脱胎换骨的变。这种"变"不是乱变，而是使内部和谐有效率，目标一致，使之与外部环境和形势相适应的变，达到"唯变所适"。这个"适"字非常重要，这才是"变"→"通"→"适"→"久"，这才是"变"的真谛。

4. 恒异之辨

观物知性，感而遂通，知事物之变化，还要知道辨识正常变化与异常变化。

> 夫乾，天下之至健也，德行恒易以知险；夫坤，天下之至顺也，德行恒简以知阻。能说诸心，能研诸侯之虑，定天下之吉凶，成天下之亹亹者。

——《周易·系辞下》

这里的"说"同"阅"，作审视讲；"侯"同"候"，为物之候，气之候，是一种征兆和信息；"亹亹"，是进步奋勉之状态。这段话中的"恒易""恒简"是天地变化的正常状态；而"险""阻"为天地之异常变化。是说如能审视天地变化，并记之于心，研究各种征候给予审慎的考虑，就能够定天下之吉凶，成就天下之进步事业。

《周易·系辞下》有云："天下之动，贞夫一者也。"这里所说的"一"，为"太一"，为变动之正律，为正常，所以才有："天得一以清，地得一以宁，神得一以灵，谷得一以盈，万物得一以生。"（《老子·三十九章》）然而，一旦失去正常状态则将导致灾变发生，即："天无以清，将恐裂；地无以宁，将恐发；神无以灵，将恐歇；谷无以盈，将恐竭；万物无以生，将恐灭。"[1]"正常"常和社会稳定与和平安康联系在一起；"异常"常和社会混乱、战争、天灾人祸联系在一起。所以知恒常与异变，是认知能力的重要方面。所以有："君子知微知彰，知柔知刚，万夫之望。"（《周易·系辞下》）是说既知正常状态的事物，又知隐幽异常的事物，既能刚毅，讲原则，

---

①商宏宽，《周易》自然观（86～92页），山西科学技术出版社，2008.

又能柔和，讲灵活，这样的人是众人所仰望的。

其一，恒卦的启示

　　彖曰：恒，久也。刚上而柔下，雷风相与，巽而动，刚柔皆应，恒。恒亨无咎、利贞，久于其道也。天地之道，恒久而不已也。利有攸往，终则有始也。日月得天而能久照，四时变化而能久成。圣人久于其道，而天下化成。观其所恒，而天地万物之情可见矣。

　　象曰：雷风，恒。君子以立不易方。

——《周易·恒》

　　《周易》中的恒卦，恒（䷟）上震下巽，主要是阐述恒久之道的。主要讲如下几层意思：第一，是说欲达恒久的条件，就要阴阳平衡、刚柔相济、相处和谐。第二，是讲终则有（又）始，可以循环。什么事物能够循环往复，就能够延续，就有生命力，就能"恒久不已"。恒久，不是在那里静止不动，死水一潭。而是在动态韵律中保持循环不已，犹如日、月运行，四季更替，恒久绵长。第三，社会稳定，需要一个道德恒定、生活和谐的环境。第四，天地思稳、万物昌盛、民心思定是相通的，是自然之道的真谛。第五，"君子以立不易方"，君子行事，要讲原则，治国大政不可轻易改动，朝三暮四使人无所适从，则不宜恒久。

其二，知常曰明

　　致虚极，守静笃，万物并作，吾以观复。夫物芸芸，各复归其根。归根曰静，是曰复命。复命曰常，知常曰明；不知常，妄作，凶。知常容，容乃公，公乃王，王乃天，天乃道，道乃久，殁身不殆。

——《老子·十六章》

　　这段话有四层意思，第一层意思是"观复"。观察世间万物，先要心无杂念保持清静虚寂，则能融于自然万物之中，仔细观察万物生长发育的过程，就会懂得生死循环的道理。第二层意思是"归根复命"。芸芸众生，不论相貌千奇百怪，体态大小不一，但最终都要回复到它们的最初的出发点，这种回归就是"静"，称之为"复命"，就是受之于自然，还之于自然，这就是自然之常道。第三层意思是"知常曰明，不知常凶"。清楚万物生死循环的常道，对待万事万物就是明白人，否则不懂恒常之理，轻举妄动违背自然之道，就有凶险。第四层意思是"知常能容，知道乃久"。当我们知道万物生存之理，就能宽容对待它们，就不会犯"唯心主义"的错误，就会公道，公道了就会聚汇人心而天下归顺，知道尊重生命，尊重自然之道才能恒久，终身无险并精力旺盛。正如前述做事不违背自然规律，做事为民众为万物着想，就会赢得众心，而事业不殆。

其三，异常为灾祸

《周易》最明显的价值取向是居安思危的忧患意识。"易之兴也，其当殷之末世，周之盛德邪，当文王与纣之事邪。是故其辞危，危者使平，易者使倾，其道甚大，百物不废，惧以终始，其要无咎，此之谓易之道也。"（《周易·系辞下》）文王目睹殷纣王盛极而衰的历史而作《易经》，孔子及其弟子见证春秋战国之乱世而注经写《易传》，故有警惕自危之词，忧患意识溢于言表。六十四卦，卦辞中皆有厉、咎、悔、吝、凶之批语，故有无卦不险之说。如前所述，自然界有差别，有阴阳、幽明、刚柔，阴阳消长，刚柔相济则变化生。"刚柔杂居，而吉凶可见矣，变动以利言，吉凶以情迁。是故爱恶相攻，而吉凶生；远近相取，而悔吝生；情伪相感而利害生。"（《周易·系辞下》）有差别、有变动，就产生吉凶祸福利害。变化有原因、有征兆、有规律，可供吉凶、利害、安危判断之参考和预测之根据。[①]

> 庶征：曰雨、曰旸、曰燠、曰寒、曰风，曰时。五者来备，各
> 以其叙，庶草蕃庑。一极备，凶；一极无，凶。
>
> ——《书经·周书·洪范》

这里明确指出雨、晴、暖、冷、风五者以时序而至，则草木繁茂，否则，极多或极强，则成灾，或者一种极少也成灾，不按时而来也成灾。这种灾害称时不应候之灾，这种灾多为环境背景动因不应时而形成的气候灾害。这种灾害，直接影响农业收成，影响民众健康，并间接影响社会稳定。

> 积善之家必有余庆，积不善之家必有余殃。臣弑其君，子弑
> 其父，非一朝一夕之故，其所由来渐矣，由辩之不早辩也。《易》
> 曰："履霜，坚冰至。"盖言顺也。
>
> ——《周易·坤·文言》

---

① 商宏宽，当代的困惑与东方智慧，[韩]《东洋社会思想》第八期，东洋社会思维学会，2003.

这是由积习而产生的异变，对这种异变就是要防微杜渐。

第一，要从主观上努力，要树立忧患意识。

> 危者，安其位者也，亡者，保其存者也。乱者，有其治者也。是故君子安而不忘危，存而不忘亡，治而不忘乱，是以身安而国家可保也。《易》曰："其亡！其亡！系于苞桑。"
>
> ——《周易·系辞下》

"安"可以变成"危"，"存"可以变成"亡"，"治"可以变成"乱"，所以处于安之时不要忘记危，处于存时不要忘记灭亡，治时不要忘记乱，随时警惕，小心行事，积善积德，巩固根基，才能身安而国家可保也。这就需要和民众建立长久的联系。"君子安其身而后动，易其心而后语，定其交而后求。君子修此三者故全也。危以动，则民不与也。惧以语，则民不应也。无交而求，则民不与也。莫之与，则伤之者至矣。"（《周易·系辞下》）平时要做安民的工作，要和百姓交心，要和群众交朋友。到危机之时，想调动人马，想号召动员民众，想让老百姓出力才能实现。否则，平时无助于民，紧急时则无所应。正如《易》所说的"莫益之，或击之，立心勿恒。凶"（《周易·益·上九》）。

第二，是要有"知几"之能，能看到细微的征兆。

> 知几，其神乎，君子上交不谄，下交不渎，其知几乎，几者，动之微，吉凶之先见者也。
>
> ——《周易·系辞下》

"知几"是很神奇的事吗？只要上交不阿谀奉承，能以平常心对待，下交不轻视慢待，一视同仁，就能洞察微小的变化。这种微小的变化可能就是吉凶之先兆。上交，可以是权贵或权威、专家，对这些人不能迷信，不能受其身份、地位的蒙蔽；所谓下交，可能是下级人员，可能是贩夫走卒，甚而是下九流，对这些人不能看不起，对他们的见解、分析也给予重视，体察下情，这种态度就是知几，是防微杜渐的先决条件。

第三，是能正确面对困难和艰险。事业草创肯定会遇到困难，"动乎险中"，做事小心谨慎，如临深渊，如履薄冰，这是"屯"卦教给我们的。干事业肯定要遇到困难，但"困而不失其所"，"所"者，做事之根基、方向和目标是也。在困难险阻面前，不动摇根基，不失去目标，是"困"卦教给我们的。"行险而不失其信"，"信"者，信仰、信念、信心、信誉之谓也。历艰险而不动摇，设险而守国其意义大矣哉，这是"坎"卦教给我们的。"见险而能止"，不盲目蛮干，智审形势，等待时机，这是"蹇"卦教给我们的。遇到有伤风化的事，要去掉隐患，更要"振民育德"，提高正气。世风日下，不要和掌权者沆瀣一气，"不事王侯，高尚其志"，这是"蛊"卦告诉我们的。

第四，遇到天灾应当积极应对。

> 无妄，刚自外来而为主于内，动而健，刚中而应，大亨以正，天之命也。其匪正有眚，不利有攸往，无妄之往，何之矣，天命不佑，行矣哉？

—— 《周易·无妄·彖》

"无妄"卦为天下雷行（䷘），下卦之阳爻是由上卦乾来的，所以动而健，下卦的中爻阴柔与上卦的中爻刚健相应，故"刚中而应"。"杂卦传"中有"无妄，灾也"，是说人虽无妄作之行为，但仍然受灾，是说此灾"刚自外来而为主于内，天之命也"，是天灾，是不以人的主观意志为转移的自然灾害。当天灾来临之时，不利于去办事，天不佑何行哉。但面临自然灾害却要坚强，"刚中而应"，要雷厉风行地去救灾，动而健，这是"无妄"卦告诉我们的。

> 震，亨。震来虩虩，恐致福也。笑言哑哑，后有则也。震惊百里，惊远而惧迩也。不丧匕鬯，出可以守宗庙社稷，以为祭主也。

—— 《周易·震·彖》

关于"震"卦的取象，可以取象为雷，也可以取象为地震，总而言之，是自然界剧烈的震动，这里笔者视为地震灾害。这段话有三层意思："震，亨"，是对地震的总体评价；"恐致福，后有则"，是讲祸福转化的辩证关系；最后，是讲灾难可以锻炼人，是选择人的大好时机。

地震是一种灾害，为什么冠以"亨"的美德？笔者认为，地震的本质是地壳的一种运动，是地球生命力旺盛的一种标志。假如地球也像月球那样仅有微小的月震，那就变成没有生机的死球了。地震过程对地表震中来讲造成建筑物破坏，财产损失，人员伤亡，社会生产、社会生活及管理机能的损害，是一种坏事；而对地壳深处，释放了郁积的能量，进行了物质交换，实现了长期的稳定，并对石油的无机合成，有色金属成矿，创造了条件，地震又有好的一面。广而言之，自然灾害从短时间尺度和局域范围讲，是一种跃变、失衡的成灾过程，是一种坏事；而对长时间尺度和大区域范围讲，则是一种调整平衡过程，是一种好事。正如，强烈隆起区的山地地质灾害，正是追求地壳的自然平衡，通过山崩、滑坡、泥石流等灾变过程，将过剩的物质输送到沉降区；强震连发的高潮期过后，换来的是该地区乃至更大范围的长期稳定；异常海流和热带气旋，消耗的正是厄尔尼诺的异常热量，使之趋于平衡。因此，牺牲局部而换取整体稳定，是自然灾害过程的本质。由是观之，地震乃至一切自然灾害，都是符合天道自然，寻求自调节、自平衡的过程，理应具备亨美之德。

"震来虩虩，恐致福也。笑言哑哑，后有则也"，是说地震来势迅猛，使人们恐惧，但祸可以转化为福，经过大震变动之后，总结了经验，有了对付地震灾害的办法，故有"震，无咎者，存乎悔"的说法。地震带给人类的不仅仅是灾难，还有可贵的经验及丰富的信息资源。通过对大震成灾过程的经历，灾害结果的调查总结，对大震前后各种信息的分析反思（这些都可称为"悔"），制订出切实可行的防震预案及具体对策（这可称为"则"），灾害这种坏事就变成了防灾经验，变成了好事。从这种角度看，可以说人类社会的进步，就是不断与自然灾害较量的结果。

面对突发的灾难，各人应对的态度很不相同，有的镇定自若，有的惊慌失措；有的舍己救人，有的损人利己，这是对人的一种考验。只有那种临危不惧，镇定自若，"不丧匕鬯"的人，才堪当社稷之重任。非常的自然灾害的特殊环境，也是对人才的一种淘汰和选拔，所以"震，君子以恐惧修省"是很有道理的。广而言之，生物种群的演化，也是通过自然灾变的筛选而进行的。大灾难所造成的不仅仅是旧种群的灭绝，更是新种群的诞生。[1]

第五，异象不可怕，人妖则可憎。

天降异象，古称"祅祥"。在"丰"卦中谈了日食之类的异常天象，《楚辞·离骚》有"吾令丰隆乘云兮，求宓妃之所在"。"丰隆"为云师，系指和云气有关的一些异常天象和气象，如日食、彗孛、云霓等遮蔽太阳一类的妖气。[2]遇到天降"祅祥"之时，领导者（王）应亲临视察，并昭视天下，这是"丰"卦提出的办法。

---

①商宏宽，《周易自然观》(164～166页)，山西科学技术出版社，2008.
②李零，《死生有命，富贵在天》(267页)，生活·读书·新知三联书店，2013.

天地之变，阴阳之化，物之罕至者也，怪之可也，而畏之非
也。夫日月之有蚀，风雨之不时，怪星之党（傥）见，是无世而不
常（尝）有之。上明而政平，则是虽并世起，无伤也。上暗而政
险，则是虽无一至者，无益也。

——《荀子·天论》

荀子认为天地变化，阴阳消长，一些现象是少见的，觉得奇怪是可以理
解的，但没有必要产生畏惧。诸如日月有蚀，风雨行之不是时候，怪星出现等
现象，哪个朝代都是常有的。只要政策公平，虽有"褉祥"降临亦无伤害。如
果政治阴暗，虽无"褉祥"出现也无益于平安。真正可怕的不是异常的天象，
而是人妖（人祸）。

田秽稼恶，籴贵民饥，道路有死人，夫是之谓人袄（妖），政
令不明，举错（措）不时，本事不理，夫是之谓人袄；礼义不修，
内外无别，男女淫乱，则父子相疑，上下乖离，寇难并至，夫是之
谓人袄。袄是生于乱，三者错，无安国。

——《荀子·天论》

田园荒芜，粮贵民饥，路有死人，这就叫做人祸；政令不明，措施方针
不合时宜，怠慢本职工作，这也是一种人祸；不修礼义，不分内外，男女淫
乱，伤风败俗，社会秩序混乱，父子间相互猜疑，上下级相互背离。内乱外侵
来犯，这也是人祸。人祸生于乱政和乱世，这三种人祸错综而至，国家不得安
宁。"楛耕伤稼""政险失民"，这种人祸伤及根本，则是比天灾更为严重的
灾害。故"危者，安其位者也；亡者，保其存者也；乱者，有其治者也"。"是
故君子安而不忘危，存而不忘亡，治而不忘乱，是以身安而国家可保也。《易》
曰：'其亡！其亡！系于苞桑。'（《周易·系辞下》）是谓防微杜渐。"

三、《易传》的方法论——易象思维

《周易》有一套独特的易象思维的方法论体系。象是《易》的主体，象
外无易。《周易》是研究象的学问，观象→取象→拟象→类象→大象，象的变
化、象的流动是事物发展、变化、创新的源泉。"尚象制器""取象比类，以

达到象数义理全面发展"，"穷神知化"，而成"盛德大业"之化境。

1.立象尽意

《周易》是研究象的学问。伏羲画卦，就是从观象开始。"仰观天文"，观日、月、星、辰，是为"天象"；观风雨雷电，云雾霜雪，是为"气象"；观江河湖海以及地下水流，是为"水象"；观山峦丘岗，塬原隰谷以及火山、地震、各种地质灾害，是为"地象"；近取诸身，四肢百骸、五脏六腑、血脉经络，是为"生理象"；远取诸物，观鸟兽鱼虫，得地宜而生的植物为"生物象"；观人的喜怒哀乐悲恐惊，是为"心理象"；观家庭、氏族、民族、乡里、城镇、国家以及政治、经济、文化，是为"社会象"。这些都是自然所固有之象。"大千世界，万象更新"，既反映了象的复杂性与多样性，又反映了象的变化性和流动性。而这些纷繁之象，正是人们认知自然的起始点——自然之象。

观象，实际就是考察自然之象、感悟自然之象，并从中体验出分群分类的概念。将纷繁之象抽象化、简单化，"本乎天者亲上，本乎地者亲下"则统而言之为天地。一切事物的属性有向上、灵动、奋发者，可归之为阳，向下、好静、沉稳者，可归之为阴，生物之中有雌雄、牡牝、男女之分，亦自然分为阴阳。所以，天地、阴阳、刚柔、雌雄之分，万物负阴而负阳就成为简化万象的方法。以符号"▬"为阳，以符号"▬▬"为阴，并以阴阳爻的多少及排列的不同而构成卦爻符号系统，称之为卦象，并以卦象模拟各种自然界的事态类型——模拟之象。

将卦象（模拟之象）和自然之象相互比拟，也是要有功夫的。

> 义也、名也、时也、似也、类也、比也、状也，谓之象。

> ——《管子·七法》

是说意义相似、名实相似、时机相似、形态相似、种类相似、比喻相似、状态相似，都可比拟，可见拟象之范围是非常广泛而灵活的。拟象的过程实际是符号化和模型化，而将这些符号和模型赋予实际应用，就要确定考察的目的、对象以及涉及的范畴，这就有一个取象的问题。譬如同样是乾卦，如选择自然环境，则为天；如选择家庭范畴，则为父；如选择身体部位，则为首；如选择牲畜范围，则为马，等等。选择对象虽有天壤之别，但其乾之德性都是相通的。这是比拟之象。

进而，由卦象及其变化，可分析出吉凶、悔吝、进退，这也是一种象。

> 是故吉凶者，失得之象也。悔吝者，忧虞之象也。变化者，进退之象也。

——《周易·系辞下》

这是由卦象分析而感悟到的结果，是事态发展的一种趋向，可以作为实践的参照，称之为感悟之象。

《易》之象是何等宽泛啊！自然之象，万物就有万象；拟象则有内、外卦象，之卦卦象，爻变卦变又有多种变卦而有变卦之象，通过分析而得出不同感悟之象等。而在这五花八门的象的世界中，最为重要的是要融于自然之中，亲自感通自然，根据所探讨的问题，定范畴，取象归类，拟象定模，立象以尽意。

> 子曰："书不尽言，言不尽意。"然则圣人之意，其不可见乎？
> 子曰："圣人立象以尽意，设卦以尽情伪，系辞焉以尽其言，变而通之以尽利，鼓之舞之以尽神。"

——《周易·系辞上》

是说文章本是承载想说的话，但尚不能完全表达想说的内容。话语本是表达意识的，但有时还不能完全表达这种意识，文章和语言对自然本然之道是难以完善反映的。圣人之意就不可表现了吗？鉴于此，子曰，圣人立阴阳之象以尽意，又设卦以尽实情和虚意，并在卦下写出卦爻所反映的象征，以尽其言，并经过对爻变、卦变的分析而通晓其利害。这样可以"尽意""尽言""尽知利害之权衡"，犹如随鼓之节奏而舞蹈，自然和谐，而成天下之亹亹者，以尽神圣之功。这样就通过立象、设卦、系辞、通变而达到"尽神"的境界。

2.制器尚象

> 夫易何为者也？夫易开物成务，冒天下之道，如斯而已者也。

——《周易·系辞上》

"开"作揭开、揭示讲；"务"作事务、从事讲；"冒"作包括、涵盖讲。是说：易是干什么的呢？易是包涵天下之道，以揭示万事万物之理和天赋予万事万物之性，以成就其事业，如此而已。天下之道，就是指自然界固有的规律，也就是《老子》所说的"天网"，《周易》所说的天地人三才之道。以

149

此为准，"开物成务"，发展事业。

易象思维之中，最直观、最值得当今之人发扬的是制器者尚其象的方法，是通过自然之象或者卦象，相互比拟，启发灵感，而发明创造研制新的器械，改善民生、民用。正如《周易·系辞上》所云：

> 备物致用，立功成器，以为天下利，莫大乎圣人。

《周易·系辞下》，曾列举圣人十三项发明，阐述"以制器者尚其象"的备物致用，立功成器，以为普天下之民谋福利。如伏羲氏画八卦而明天地人三才之道，作网罟而兴渔猎。神农氏作耒耜而兴农业，兴集市而互通有无。黄帝、尧舜时期制衣裳而明礼仪；制舟楫而通水运；服牛乘马，而农耕、运载重物；定巡更制度而保平安；兴杵臼之利以改善民食；兴弓矢之利而在狩猎、战争中发挥威力；兴宫室以避风雨；制棺椁以葬使逝者入土为安；制书契而兴文化。这些古代圣人的发明创造，以利天下，使人类社会向前发展，功不可没。所有这些发明创造都是效仿自然之象而立功成器，人们在社会的生产、生活的实践中，在认知自然的过程中，产生灵感、经验，诱发创造的欲望。

> 圣人有以见天下之赜，而拟诸其形容，象其物宜，是故谓之
> 象。圣人有以见天下之动，而观其会通，以行其典礼，系辞焉以断
> 其吉凶，是故谓之爻。

——《周易·系辞上》

这里的"拟诸其形容"是比拟自然之事物形态；"象其物宜"，是了解这种事物的优秀性质而仿效之；"观其会通"，是观察事物的变化规律并能融会贯通而充分掌握；"行其典礼"，是依据事物上述的特性、规律而确定具体的规定、步骤、形制、法则，而能操作之。这种既考虑"形"，又考虑"质"；既考虑静态之形制，又考虑动态的变化规律，是我国古代模拟仿真学相当精辟之论述。

> 化而裁之谓之变，推而行之谓之通，举而错（措）之天下之民
> 谓之事业。

——《周易·系辞上》

制成之器还要经过"化而裁之"的实验和修正，"推而行之"的应用和推广并通过验证，再经"举而错之"在民众广泛应用中的考验，才算成功。

总结起来，"制器尚象"方法有以下重点：

其一是观象。以目观象，知其形貌；以心观象，知其情伪，权衡利弊；以物观物，知其理则、变化规律、物与环境之关系。从而产生灵感，发现功用，而生目的。

其二是取象。根据观象的灵感、目的而对象有所选择，并对象分类、分级以及性质选取方面更为重视。

其三是拟象。依据"易简原理"，循自然规律对所取之象进行比拟，建立模型。

其四是玩象。对模型反复玩味，了解象的变化和流动以及转化等特点，体悟解决的办法。

> 拟之而后言，议之而后动，拟议以成其变化。
>
> ——《周易·系辞上》

正是说通过拟象模型的实验，经玩象的反复思索，而掌握其变化规律。

其五是制器尚象。制作、修改，经过小样、实验，"化而裁之"（改制为变），"推而行之"（检验为通），达到"举而错之"（普及应用），以利天下之民（事业）。

通过"象"而仿真制造成"器"，成器则必须有规章、步骤，行其典礼是为法，这种源于自然之象而触发灵感，进行发明创造，利于天下万民的成就被称之为"至神"。故有：

> 见乃谓之象，形乃谓之器，制而用之谓之法。利用出入，民咸用之，谓之神。
>
> ——《周易·系辞上》

3.取象比类

"取象比类"方法是中国古代基于整体有机自然观而提出的一种传统方法。"象"有现象和抽象之含义，即把各种自然现象和事物抽象化，以便于类比、分辨、统计、计算。所谓类，是在象的范围之内，以某些原则或特征分类。"取象比类"有在复杂的自然现象中提取信息，与同类相比而推及其他之意。

其一，关于复杂系统

什么是复杂系统，现在还没有统一的科学定义。简而言之，自然界实存之事物，都是复杂系统。那些有序性很强的所谓的简单系统，都是经过人为简化的，忽略了一些不重要的因素而得到的一种假象。复杂系统（或称复杂性问题）是对系统所处状态的描述。有序性很强的，称之为有序系统（或称为简单系统）；无序系统称之为混沌；而介于两者之间的则称之为复杂系统。有人称复杂性研究是诞生在秩序与混沌之间的科学[①]。其特点是：①结构的复杂性。复杂系统由一系列子系统组成一个有机整体，其各组成部分形成复杂的关系网络，并构成一种分层有序的自组织、自相似、自调节、自洽的全息结构。在具体的细微结构中常存在空位、破缺、扭曲与缠绕等复杂情况，存在着虚空、可塑、嬗变的余地，具典型的分形结构特点。②演进的复杂性。复杂系统对环境既有依赖性，又有选择性，从环境中摄取负熵以维系自身的延续与发展，并随时在系统内部进行物质、能量、信息的吸收、消化、调配、消耗与代谢。[②] 其发展的途径是多元的，演进的过程是曲折、跳跃的，变化速率是多变的。③机理的复杂性。在探索复杂系统形成之机理时，发现其因果关系不是一一对应的，出现多因一果、异因同果、单因多果，甚至因果关系不清楚的复杂情况。所以，解决复杂系统问题用传统的线性理论、实证原则和固定论的因果关系等思维方法都无能为力。从这个角度出发，可以认为复杂系统研究是人类自然观的一种进步，从过去孤立的、固定变化的、可重复的、有定律规定的机械唯物的自然观，转变为整体的、无定变化的、不可重复的、演进的整体有机自然观。这种自然观是向道法自然、天人合一的古老自然观的一种回归。

纵观古今易学的符号体系，不论其各派之间的观点是如何分歧，理论是如何相悖，然而其易结构体系却都是整体有机的，秩序井然，层次分明，全息性极强[③]。卦间有序，卦中有主次、上下、内外之别，相互之间有相生、相克、相辅、相重、相随、相列的复杂关系。而卦爻之生长、演进、变化、流行则体现了"生生之谓易"的道理。"为道也屡迁，变动不居，周流六虚，上下无常，刚柔相易，不可为典要，唯变所适。"（《周易·系辞上》）正是复杂系统的写照。正如美国复杂性问题研究专家布赖恩·阿瑟在讨论物质演化模式时所说："另一种理论选择——复杂性特点——则完全是道家（主要是指老子）的，在道家（理论）中，秩序不是天然固有的，世界从一开始，一变成二，进

①米歇尔·沃尔德罗普，陈玲译，《复杂——诞生于秩序与混沌边缘的科学》，生活·读书·新知三联书店，1997.
②商宏宽，"气"与物质、能量、信息交流，天地生人学术讲座，1997.
③商桂，《易索》，地震出版社，1999.

而变成许许多多，又导致无穷无尽。在道家（理论）中，宇宙是广袤的，无定性的，永恒变化的。"①这就是我们所认识的复杂系统。当一个系统复杂性增大时，我们使它精确化的能力将减弱。在达到一定阈值之上时，复杂性和精确性将相互排斥。这就是复杂系统与精确描述不相容（互克性）原理。这一原理实际上是复杂系统层次结构的不可还原性，是对其内部大量因素间非线性关系的一种表述。故而，对于复杂系统问题，采用常规的、还原性科学的手段，已经无能为力，而取象比类方法，则可收到一定的成效。

其二，"取象比类"方法概述②

> 刚柔者，立本者也。变通者，趣（趋）时者也。吉凶者，贞胜者也。天地之道，贞观者也。日月之道，贞明者也。天下之功，贞夫一者也。夫乾，确然示人易矣。夫坤，隤然示人简矣。爻也者，效此者也。象也者，像此者也。爻象动乎内，吉凶见乎外，功业见乎变。圣人之情见乎辞。
>
> ——《周易·系辞下》

此段话十分重要，基本概括了"取象比类"方法的要点，现简述于下：

①立本（确定研究领域之范畴）

"刚柔者，立本者也。""立本"就是确定研究领域的范畴及其各部分之间的关系。根据研究领域的范围而选定取象，并决定范畴内部的关系。譬如研究领域是天地间之万物，则乾卦可取象于天，坤可取象于地等。如研究领域是国家范畴，则可将乾卦取象为国王、总统，坤可取象为首丞相、总理等。如研究领域是家庭范畴，乾可取象为父，坤可取象为母等。如研究领域是企业范畴，乾可取象为董事长，坤可取象为总经理；震以动之，可取象为能源管理部门；巽以入之，可取象企业文化及思想工作部门；坎以润之，可取象设备保障维护部门；离以明之，可取象制度制定及企业管理部门；艮以止之，可取象产品质量检查及纪检部门；兑以说之，可以取象企业公关宣传部门等等。

人就是一种"象"，人以群分，物以类聚，并不是指具体的张三、李四，而是泛指的人。"群"也是类，可以以种族、民族分类，也可以社会分工来分类（工、农、兵、学、商），可以财富占有分类，文化程度分类，宗教信仰分

---

① 米歇尔·沃尔德罗普，陈玲译，《复杂——诞生于秩序与混沌边缘的科学》，生活·读书·新知三联书店，三联书店，1997.
② 商宏宽，《周易自然观》（68～80页），山西科学技术出版社，2008.

类等等。根据所研究问题和调查的内容取象、分类可以灵活选取。如果将地壳岩层的"构造形迹"作为"象",则不同构造形迹组合成的有一定成生关系的"构造形式"就是"类"。将这些类以其形成年代、形成的力学机制组合起来,则成为"构造体系",这就是"取象比类"以分清地质力学分类的认知过程。如果"岩体工程地质力学",以原生作用关系(岩石建造及工程地质岩组)、构造成生关系、次生改造关系(风化、水浸等)为分类标准,来研究岩体结构,实际上就是对岩体这个"象",进行"取象比类"的分析的过程。并得出岩体结构类型,并以此寻找复杂岩体结构之间的关系网络。这对我们深入认识岩体结构的形成,了解岩体的控制因素,建立岩体结构的力学模型,进行岩体结构评价都非常有帮助。[1]

因此,"立本"就是说树立探讨研究的根本宗旨、范畴,取象的"象"范畴,比类的"类"范畴,这是确定研究体系的天地、刚柔、阴阳的首要问题。

②趣时者也(时行原理)

"变通者,趣时者也。"就是将所研究的范畴放到时间进程之中去考察。《周易》中对时间内涵的认识广泛而深刻,有时运(天地气化流转的过程而形成的周期、准周期、韵律等圜道特征)、时序(时间进程中的时序和阶段性特征)、时用(指应时、随时、及时而用不失其时的特征)、时信(各种与时俱来的物候、征兆等信息特征)、时机(指阴阳相激,刚柔相荡,雌雄相交时产生的特殊时效特征)等。充分利用时间的各种信息、特点和机遇,是《周易》的重要内容之一,刘长林先生称之为"时行律",[2]笔者称之为"时行原理"[3],这是中国传统文化又一个带有本体性的特色。

在此想对变通与时行的关系作简略的讨论。前述变化时,有三种类型的变化:一种是圜道变化,主要是天体运行给环境以背景动因的变化节律;一种是事物内部生长发育的阶段的内生长势能的变化;一种是背景动因与内生长势动因相互作用与相互影响而形成的结构变易的变化。将所研究问题放到这种内外时空环境之中去观察其变而通的过程,则能认知变通的时行规律。在此仅举几例,以便于领会趋时之意。

---

①商宏宽,岩体工程地质力学——具有中国特色的工程地质学,《中国工程地质五十年》,地震出版社,2000.
②刘长林,《周易》意象思维的基本逻辑规律,《国际易学研究》第八辑(278~280页),华夏出版社,2005.
③商宏宽,《周易自然观》(95~101页),山西科学技术出版社,2008.

例如探讨地壳运动的活动性问题，因其对现实的地震活动、火山活动以及各种地质灾害的发生有一定的指导意义，故是现代地学领域的重要课题。首先要考虑现今地球所处的宇宙环境，太阳系所处银河系的位置，宇宙新星爆发的频率，以及当下是处在活动的高潮期还是平静期，这对地球表层的构造活动提供了一个背景活动条件。其次，要考虑地壳运动所处的活动阶段。各个地区其活动程度有很大差别，有的地区处在"吕梁运动期"（前震旦时期的构造活动），有的处在"加里东运动期"（上古生代时期的构造活动），有的处在"海西运动期"（下古生代时期的构造活动），有的处在"燕山运动期"（中生代时期的构造活动），有的处在"喜马拉雅运动期"（新生代的构造活动）。对当下地壳运动有意义的是"喜马拉雅运动期"，它正值青年期，活动性很强，而"燕山运动期"也有些活动，其活动性较弱。当前世界上地壳运动较活跃的地区，主要分布在环太平洋带和南北半球的缝合线部位，西支为地中海—中东—喜马拉雅—印尼一带，东支为墨西哥—加勒比海一带。而在环太平洋带西侧与喜马拉雅—印尼带所夹持的中国西南和华北地区，也是次要的地壳运动活动区。最后，在这种背景环境条件下，和其所处地壳运动活动时期中，当遇到重要天体的会、冲"奇时"的时机，及太阳黑子爆发、磁暴形成之时，常有诱发地壳活动的可能。宇宙背景条件、自身运动期的生发条件以及天体运行节律造成的"奇时"时机的配合，能给出地壳运动活跃程度的估计，这就是"时行原理"在地壳运动分析中的应用参考。

再如探讨一个国家的经济发展问题，这也是当前很引人注目的问题。首先，在第二次世界大战之后，新老殖民主义被削弱，民族独立，世界民族解放运动蓬勃兴起，造成了过去曾经落后地区经济发展的大背景。其次，要看这个国家经济发展到了什么阶段（这里不是指具体经济指标，而是指经济发展趋势和潜力）。笔者曾去过欧洲资本主义发达国家，经济制度健全，经济秩序稳定，一切都是井井有条，但却很少活力，已经处在经济发展壮年向老年发展的趋势；而我国到处都在建设，像个大工地，经济制度不健全，各种法律制度正在制定过程之中，经济秩序也较混乱，国有、民营、中外合资、外资企业都有，还有钻法律空子的现象，假冒伪劣商品也层出不穷，但却有一种生机勃勃的发展势头，说明正处在经济发展的青春期，活力无穷，潜力无限。这时最需要的是循时运，正时信，顺时序，掌时机。"时止则止，时行则行，动静不失

其时，其道光明。"（《周易·艮·彖》）

③贞胜者也（正邪之分）

变化是有方向的，是进，是退；是利，是害；是吉，是凶，如何判断呢？"贞胜者也。""贞"就是"正"，就是指上合自然固有之规律（天道），下合地宜所赋之利益（地道），中合广大民众的愿景（人道），这就可适应时代之潮流而发展。

如何能做到"贞胜"：其一需要做到对自然界的观察达到"穷理尽性，以至于命"的"贞观"。其二能从表及里，直达事物的本质，犹如《物理小识》所云："象数者，天理也，非人之所能为也。天示其度，地产其状，物献其则，身具其符，心自冥应。"是说自然之象与象的维度、数量是自然形成的，不是以人的主观意志为转移的，这是天理。故以其象数反推，从物之状、物之则、物之度而达物之理，则能彰隐阐幽，心自冥应，而达到"贞明"之境界。其三"贞夫一者也"，是说看问题不能只看局部，更要看到全体，并且了解局部与整体的关系；不仅看其暂时，更要看其长远，并且了解暂时如何为长远创造条件；不仅看其特异状态，更要看其恒常状态，并且了解特异状态和恒常状态之间的转换条件，这就是"得损之道"。

④易简原理（德业双修，体用结合）

> 乾以易知，坤以简能。
>
> 易则易知，简则易从。
>
> 易知则有亲，易从则有功。
>
> 有亲则可久，有功则可大。
>
> 可久则贤人之德，可大则贤人之业。
>
> 易简而天下之理得矣。天下之理得，而成位乎其中矣。
>
> ——《周易·系辞上》

易简是乾坤的根本品性，也是天地生养万物的基本规律，刘长林先生称之为"易简律"[1]，笔者称之为"易简原理。"[2]乾悬象著明故易知，坤阅藏物故简能，这是自然本性造化使然。本乎自然之理（道），是为贤人之德行（德），是做事做人之根本，是为"体"。本乎自然之理去做事，是贤人之事

①刘长林，《周易》意象思维的基本逻辑规律，《国际易学研究》第八辑，华夏出版社，2005.
②商宏宽，《周易自然观》（60页），山西科学技术出版社，2008.

业，是干事之法则，是为"用"。这就将德、业结合起来，体、用结合起来，这是易学"开物成务"的根本。易学的理念是"崇德广业"，德业双修，体用结合的全面发展的观念，所以说"易简而天下之理得"。

"易简原理"是生生之本、创造之源，是德业、体用之典范，是做人干事的根本法则。任何企业、事业都不能离开"易简原理"的原则，否则将遗患无穷。

"易简原理"不仅是制器尚象的重要原则，也是"取象比类"的重要原则，"夫乾，确然示人易矣，夫坤，隤然示人简矣"。"确然"形容刚健之状态，"隤然"形容柔顺之状态，是说像天行那样刚健，给人显示以平易有信，像地静那样柔顺，给人显示以简约可靠。阴阳爻就是效仿乾坤相摩、刚柔相荡所表现的各种卦象，象征着自然界的对待流行的变化，则天下之理得矣。用天地、阴阳、刚柔之理，建立模型，以分析研究所涉及的课题，进行"取象比类"，可达实际判断之功效。

⑤**成其功业**

"爻象动乎内，吉凶见乎外，功业见乎变，圣人之情见乎辞。"是说卦象之建立是对自然现象的摹写。爻象变动于卦内，通过对其变动的分析，研究领域范畴内的吉凶信息就可以显现于卦外。据此可审时度势，掌握时机，趋吉避凶，循自然之道以发明创造，建功立业，并将其经验教训总结出来，则圣人真情可见矣。

综上所述，立本取象（定范畴）→明时通变（时行原理）→判断正邪（贞胜：贞观、贞明、贞夫一）→建立模型（易简原理）→分析动态信息→给出建功立业之方向，解决实际问题，这就是"取象比类"方法的要点和全过程。

其三，"取象比类"方法在具体实践中的应用

"取象比类"方法在当代科学研究中，亦有很重要的应用价值，特别是在处理非线性复杂系统问题时，更有广阔天地。

①**总体控制**。研究复杂系统问题时，最易犯"只见树木，不见森林"的毛病，一头扎进具体细部，而不知整体，陷入"瞎子摸象"的尴尬局面。而"取象比类"方法是建立在大系统限控和包容子系统的理念之上的。因此，首先明确研究范畴的整体（立本取象），之后再依象分类，则主次清楚，整体和局部关系明确。

1954年为修建武汉长江大桥，进行大桥桥线的地质剖面测绘工作。当时是苏联援建项目，勘察工作主要由苏联专家负责。本着20世纪50年代苏联工程地质规范（在桥线左右150米范围内填图），在桥线各墩位布孔，打了数十个钻孔，岩性变化甚大，以致仅几米距离的钻孔，岩芯就迥然不同，根本给不出合理的桥线地质剖面，苏联专家一筹莫展。武汉长江大桥所经之处，乃是构造极为复杂的下扬子凹陷，仅沿桥线布孔给不出地质剖面并不为怪。谷德振先生[①]请命承担此项工作，他首先去百里以外的大冶，测区域地层标准剖面——找寻标准"象"。之后在洪山、龟山、蛇山等地进行武汉地区区域地质填图，建立工程区地质构造格架，并进行与标准层位的"彼象"和工程的"此象"对比，以知其异同，以及与构造活动之关系。在此基础上，在关键部位打几个检验孔（此钻孔并不在桥线位置上），以验证地层构造填图的准确性。最后，在桥线剖面布孔，则百分之八九十都与估计相合，圆满地完成了任务。当时受到苏联专家称赞。这种方法实际就是"取象比类"方法，在全局调查的基础上，限控局部细节，避免犯"瞎子摸象"的错误。[②]

②**方便统计**。明确研究范畴和目的，依此进行取象并比类，其目的是为了分类统计，从中提取有用的信息。切忌"眉毛胡子一把抓"，分辨不清"象"与"类"，乱统计一气是不行的。如若了解岩体结构的空间分布的特征，不仅要统计岩石的种类、类别、次生改造作用的程度，还要统计结构面的产状。性质、数量、结构面内的充填物及其厚薄，更要统计结构面的间距、密度。选择统计对象是否准确恰当，取决于实践的深入程度，掌握客观第一手资料的程度，以及对所研究领域的理解程度。

③**探寻关系网络，建立结构模型**。"取象比类"方法，易于了解各类事物之间的关系。"人以群分，物以类聚"，在生物界，除了以物种结构为准进行分类之外，还可把其间的相互关系、相互作用联系在一起（诸如相生、相克、相辅、相随、相列、相重等）构成一种生态系统——生物链，这是自然选择而

---

①谷德振（1914~1982）中国科学院院士，中国科学院地学部常务委员，著有《岩体工程地质力学基础》，是我国著名的工程地质学家。

②谷德振，武汉长江大桥工程地质，《谷德振文集》（94~97页），地震出版社，1994；商宏宽，岩体工程地质力学——岩体中国特色的工程地质学，《中国工程地质五十年》，地震出版社，2000；商宏宽，"取象比类"是研究复杂系统的科学方法，《实践与思索的轨迹》，地震出版社，2000.

维系生态环境平衡的基本构架，由此建立起来的生物结构模型，具有天然的合理性。"物"也是一种"象"，"物以类聚""重浊者下沉，轻扬者上升"，是说物以其比重不同而聚集在一起，在沉积作用中称之为"分选"，在岩浆作用中称之为"重力分异"。这些都可称之为"自然选择"，以此建立沉积作用及岩浆分异作用的本构模型，则较符合客观实际。在岩体工程地质力学领域，以原生作用关系、构造成生关系、次生改造关系为分类标准，研究岩体结构类型，并以此寻找复杂岩体结构之间的关系网络，这对深入认识岩体结构的形成，了解岩体的控制因素，建立具有代表性的岩体结构力学模型——本构模型，非常有帮助。

在这方面二滩水电站导流洞工程，是一个典型事例。二滩水电站位于雅砻江下游，装机容量330万千瓦，左右岸导流隧洞长1100米左右，开挖断面宽20.5米，高22.5米，是目前世界上较大的导流隧洞。岩性为正长岩、玄武岩。高地应力区（20～30兆帕）。施工过程中软岩坍塌和硬岩岩爆同时存在，地质条件复杂。承包商是德国的菲利普-霍尔兹曼公司，从法兰克福提交几份传送单，并以六个断面的二维边界元分析成果为依据，提出修改原设计方案。建议每16平方米侧墙增设1000千牛的预应力，并加设一根15米长的铆索，增加造价数千万元。经水电部成都勘测设计院用"典型类比分析法（PTA）"BMP程序复核证明，德商的经验性岩体力学参数不符合二滩实际，否决了德商的建议，为国家节省了数以千万元的资金，并于1993年12月建成通水，经历20多年考验运行正常。

岩石力学围岩稳定分析的传统理论面临两难困境：数学模型愈接近岩体实际则愈复杂，所需岩体力学参数愈多，而工程用户为其提供的参数的可能性反而更少，这就是"复杂系统与精确描述不相容原理"。为解决这一难题，设计院探索了一条近似的出路，就是"典型类比分析法（PTA）"——将工程地质力学宏观的岩体稳定分析方法，与岩石力学微观的定量分析方法结合起来，并做了如下步骤的分析论证：第一围岩分类应用与分类有序性论证；第二岩体结构是围岩分类的首要因素；第三隧道各类围岩稳定分析半经验半理论模型的建立；第四不连续介质隧道设计与连续介质力学对立统一的分析。这种综合已有经验知识和专家判断相结合，采用典型类比分析方法，对解决这种复杂问题是行之有效的。"典型"相当于"取象"，"类比"相当于"比类"，"分析"相当于"运数"。各单项技术都是学习西方的，但实际分类及实验数据都是结合中国工程实践，并形成人机结合的BMP程序系统，用的是中国整体自然观思路，事实证明比德商方案优越。①

④**结构变易的研究**。所谓结构，是指事物的秩序状态，它既包括原子、分子结构，也包括人类社会的各种社会结构，乃至抽象的数理结构、信息结构和思维逻辑结构等。这些结构并非一成不变的，而是可变的。当结构受到环境条件中物质流、能量流和信息流的影响并达到一定阈值时，可以出现结构的调整、重组，甚至解体，称之为结构变异。从这一角度看结构变易是一种质的跃变，不是线性问题，而是非线性复杂性问题。实际上一些灾异性突变现象，与结构变易也有千丝万缕的联系。研究这类问题，"取象比类"方法将大有用武之地。研究结构变异首先应了解现存结构的特点、存在条件，进一步研究其内部存在的欠缺（空位、破缺、分形特征、信息反馈能力等）以及弥补的办法，结构组织优化的途径；最后，对结构变异的条件、征兆，变异的可能性趋向进行判断、分析和预测等问题进行探讨。

⑤**信息提取及信息预测**。随着计算机技术的发展，手机、电脑、互联网以及3D打印技术的推广，出现了一个信息爆炸的大数据时代。如何把握巨量信息资源，从中提炼出有用的信息，并且保证信息不失真，是一个重大问题。特别是对结构变异及重大灾变事件这种具有不连续性质变迁现象的预测、分析、判断更显重要。这些信息常是从自然中而不是人为有意释放的；常是几微的，隐蔽于杂乱的其他信息之中，常是不连续的，跳跃形式出现而又稍纵即逝，故而，捕捉这种信息难度很大。中国古代历来重视"取象比类"方法，"天垂象，见吉凶，圣人象之"。就是用自然启示的异常"天象"来判断吉凶，并且总结了一些规律和经验。有人说这是迷信，是伪科学，错了！人类生活在自然环境之中，受宇宙间各种物质、能量、信息流的随时作用，其周期、节律、地球环境变化等因素，造就了万物和人类的适应能力。冬保暖，夏纳凉，习以为常，人类就是生活在地球所提供的环境中。对于地震、火山、气象等自然灾害，古人就有许多探索，积累了一些经验，对自然给出的征兆，古人

---

① 李世辉，从岩石力学面临的两难问题看象数法的方法论意义——以二滩水电站导流洞成功为例，《自然辩证法研究》，Vol.15，No.10，1999；李世辉，《隧道支护设计新论——典型类比分析法应用和理论》，科学出版社，1994.

称之为"上天示警"，今人称之为"大自然的警告"。邢台、海城、唐山地震前，确有电磁、地下水、地光、地气雾、动物异常。日本三宅岛火山爆发之前，也有地热、硫黄气雾、动物迁徙及小震活动的异常现象。如何把握这种异常，监测这些异常，在复杂信息中提取这种异常现象，对灾害的预测、预报服务，为减轻灾害之损失是有实际意义的，这也是"取象比类"方法的特长。

当前人们常用的数理统计方法，是统计正常事件的，注意大能量大信息量，而忽略小能量、弱信息，强调数据的连续性，而忽略不连续的偶然信息；为了迁就理想模型或假设条件，使曲线平滑，而脱离自然，使信息失真。这正是当前西方传统的统计预测学预测不出小概率事件的根本症结所在。

"取象比类"方法则特别强调研究范畴而选取有针对的"类"，在大能量的背景中选取特异的小概率信息，将小能量弱信息单独提取出来进行分析。其数列可能是离散的，强调其可公度性、准周期性。在分析过程中，采取直观简单的倍加运算、浮动频率法等以保持信息不失真。如翁文波的可公度性、天干地支纪年、浮动频率法等，任振球的天文奇点值（引力共振）预报法，徐道一、郭增建的倍九法等信息有序性研究。这种有别于西方的统计预报的"取象比类"方法，常常能捕捉到大灾前的重要信息。

翁文波对美国加利福尼亚州的地震预报就是成功例子。翁文波院士曾对美国西海岸的地震作过多次预报研究，在访美期间曾介绍过这方面的研究成果，引起广泛关注。翁老的朋友、美国学者格林，1991年11月22日写信要求："我很感兴趣将能收到您关于1992年在加利福尼亚州某个地方可能发生地震的预报意见。"跨国的地震预报是很敏感的问题，翁老在经上级批准的情况下，于1992年1月27日回信并作了地震预报：对1992年将在加州发生的较为重要的地震的预测为：时间：1992年6月19日；地震震级：6.8级；地区：旧金山大区。1992年7月6日格林给翁老回信写道："祝贺您的关于6月下半月在加州洛杉矶的地震预报意见。您可能知道，已经发生了几次地震，震中最强的一次是里氏7.4级。您能做到这点是多么神奇，同时渴望了解您是如何做到的。"

翁文波的预测学思维和当代统计预报思想有本质的区别，以至不为人们理解。徐道一在《翁文波院士的天灾预测方法、理论及其意义》一文中有详细的论述。在此仅介绍预报思想中和"取象比类"方法有关的几点。其一，是一切从实际出发，不作或少作假设（假设成分越多，失真越多）。"象"表示自然实存体系，它和理论是相对的，唯象者和唯理者是相对的。唯象者重视实际体系，而唯理者重视理论体系。类比的方法与可公度方法较为相似，类比是根据已知事物与未知研究客体在某些属性上的相似，从而推断出它们在其他属性上相似的逻辑方法，均是唯象思维方法。**其二，是从离散的数据中提取出非偶然性的信息。**翁老从理论上对自然数、整数的实用意义进行了深刻的论述，物质世界是由各种可数的结构单元构成的。一切实体的基本单位是可数的，一些事件只能一次一次地发生，不能发生半次，那么，它们都具有可公度性特征。一切实际存在的物体和一切发生的事件都是由它们的基本单位组成，可用自然数数个数。如果用函数来表示实体，它将是离散的、不连贯的，所以也是不可数的。**其三，是信息预测。**信息预测是以研究对象的特性为基础的，从常态要素可作"统计预测"，以知其大概；从异态要素可作信息预测，以知其特性。信息预测重点是研究自然特性中不确定性、非排中性、可数性（量子化、离散性）、可公度性等内容，并成为研究变异、灾害的重要方法。区别"统计预测"和"信息预测"是当前信息处理的重要前提。

以上就是笔者对"取象比类"方法在实际应用中的五方面内容的阐述，并举实例说明。其中前三种是从宏观控制整体把握入手，以了解复杂系统的状态特征，解决复杂性问题；后两种则是从复杂系统中的欠缺及特异事件入手，研究小概率的偶然事件，以解决结构变异及灾异预测问题。由于笔者知识面的局限，可能有错误之处，请多加指正。更希望与同仁共同努力为弘扬"取象比类"方法而努力。

4.象数义理全面发展

《周易》的思维特点，就是易象思维。道法自然，是易象之始。易之道始于象，源于象，没有象就没有《易》，这种"易象思维"是人处于主客不分或主客一体的境界的思维方式。所谓天、地、人三才之道，不仅把天地看作人之外的东西，而且总把人与天地看成一体，相协相通。这种"天人合一""天人合德"的思维，就是"易象思维"的根本特性。

如前所述，"易之象"具有多层面。"象形之象"，直观可见，是自然本然之象。"卦爻之象"则是对象的比拟，是认识的一种升华，亦是分析、判断、应用的源流。先天之象"则可称之为大象无形"或称之为"易之道"，或称之为太极，这里有本来如此、万象之始原、万象之根本的意思。而两仪四象八卦等只是太极的展开、展现，是太极自身的转化和流动，这就是"生生之谓易"，就是生衍、创造、创新。

《周易》认为，创新、创造不能源于概念思维的判断、推理，而只能源于象的流动和转化。概念思维总结出的条条框框，是人们对知识的固化，便于记忆、传播，但对人的悟性和灵感却有所遮蔽，使人的思维僵化，是对"易象思维"的一种限定。在人们对科学技术的信仰和崇拜之中，正在使人"傻瓜化"，是对创新的一种限制、一种异化。在现实的教育中、工作中倡导"易象思维"，深入实践，融入自然，解放思想，尤其重要，这也是一种"返璞归真"。能做到"返璞归真"则能增加思维的能动性、悟性和创造性，即所谓"神无方而易无体"（《周易·系辞上》），正是"大象无形"的境界。[①]

易象之中有形、有势、有时、有信，就是有数。数是一种对规律的描述和量测。大衍之数，实际就是一种易之历法的记数，源于对日、月、星的观测。所谓日，就是甲、乙、丙、丁、戊、己、庚、辛、壬、癸十天干；所谓月，就是子、丑、寅、卯、辰、巳、午、未、申、酉、戌、亥十二地支；所谓星就是二十八星宿：角、亢、氐、房、心、尾、箕（东宫苍龙）；斗、牛、女、虚、危、室、壁（北宫玄武）；奎、娄、胃、昴、毕、觜、参（西宫白虎）；井、鬼、柳、星、张、翼、轸（南宫朱雀）。这里蕴含着计时、计日、计月、计年的时序；记四季阴阳消息和节气；记四方、五行、河图、洛书以及八卦、六十四卦之演绎，起到了"极数知来"，以体天地之撰，以通神明之德的效果。

> 易有圣人之道四焉：以言者尚其辞，以动者尚其变，以制器者尚其象，以卜筮者尚其占。
>
> ——《周易·系辞上》

是说《易》这本书的圣人之道有四个方面：论事之正误要崇尚其辞，以知其理义；践行之中要崇尚其变动，以知事物之化育；发明创造器物时要崇尚

---

① 王树人，"易之象"及其现代意义论纲，《国际易学研究》第四辑（284～296页），华夏出版社，1998.

其象，以知事物之应用；预测事物的发展应循道遵数而尚其占，以知其未来。这种知理、知化、知用、知来的认知方法，是很有科学精神的。所以，道法自然以取象，奉天时遵节律以运数，生生为易以求宜，易简之理以成业，时行之理以合势，象数义理全面发展开拓，是整体有机自然观之真谛，是易象思维的诠释。

第四章

《周易》的卦爻符号系统

一、八卦的取象

1.关于"象"的概念 [①]

在伏羲画卦之前，自然界本来就有一种"易"，邵雍称之为"画前易"，张载称之为"自然易"。这就是自然本来就存在的易象，也就是伏羲画卦所本的自然原型。所以"象"，首先指的是自然现象、形象。

"象"的第二种含义，是卦象，是由阴爻和阳爻组成的符号，用这种卦象来象征自然界及社会的各种事物。它源于自然，又能灵活地比拟自然，是一种认识的升华。主要是以阳阴爻的多少、排列顺序、阴阳变化以及阴阳对待、相互交错等形式，模拟其时空变幻和演进过程。

"象"的第三种含义，是拟象，是用卦象比拟、摹写自然和社会现象，有人说《易经》之象，就是一种代数学，可以人为地预设各种自然的或者社会的范畴并进行分析，判断预设系统之间的关系、变化，从而具有尚象制器和取象比类之功效。

"象"的第四种含义，是"大象"，是认识过程达到高层次，从形而下的"器"升华到形而上的"道"的境界，称之为"大象"。《老子》说"大象无形"。

从具体的自然之象开始，通过感官认识形象，再由感而遂通了解自然万象皆有阴阳、刚柔的性质，用阴阳爻组成卦并建立一套符号系统，对万象进行比拟、分析、推演、判断、发明创造，从认识之体，到实践之用，最后抽象到极致，达到更高层次的认知，"故易有天道焉，而不可以日月星辰尽称也，故为之以阴阳；有地道焉，不可以水火金土木尽称也，故律之以柔刚；有人道焉，不可以父子君臣夫妇先后尽称也，故为之以上下；有四时之变焉，不可以万物尽称也，故为之以八卦。故易之为书也，一类不足以亟之，变以备其情者也"。（《帛书易·要》）从而，达到"道"，复归于"太极"，这就是易象思维过程。

---

① 商宏宽，从八卦取象看《易经》对自然的认识，《国际易学研究》第十二辑（264～280页），中国书籍出版社，2012.

2.卦爻符号系统的衍生模式

　　易有太极，是生两仪，两仪生四象，四象生八卦，八卦定吉
凶，吉凶生大业。

——《周易·系辞上》

　　太极是一种阴阳未分的混沌状态，可以作为万物之本源。之后，由太极
而分化为阴、阳两仪，阴阳两仪相交配，可得四种状态，称之为四象；由四象
衍生为三爻卦只能配成八种状态，称之为八卦，也称之为八经卦；八卦相重而
成六爻卦，共有六十四种状态，称为别卦。这个过程，可写成公式如下：

$$\text{太极} \supset \text{两仪} \begin{Bmatrix} 1/2 \\ 1/2 \end{Bmatrix} \supset \text{四象} \begin{Bmatrix} 1/4 \\ \vdots \\ 1/4 \end{Bmatrix} \supset \text{八卦} \begin{Bmatrix} 1/8 \\ \vdots \\ 1/8 \end{Bmatrix} \supset \text{六十四别卦} \begin{Bmatrix} 1/8 \\ \vdots \\ 1/8 \end{Bmatrix}^2$$

亦可以用图表示（图35）。

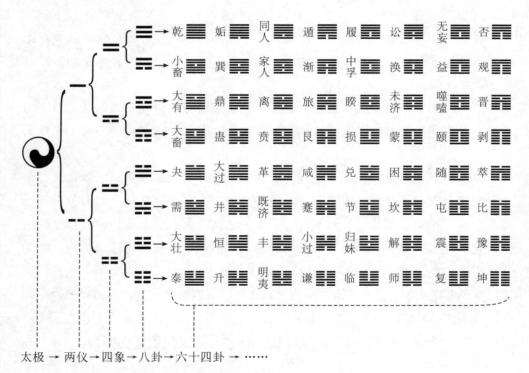

图35　卦爻符号系统衍生图

3.八卦取象之一——纵向式，对人类生活环境系统的模拟

> 同声相应，同气相求。水流湿，火就燥，云从龙，风从虎。圣
> 人作而万物睹，本乎天者亲上，本乎地者亲下，则各从其类也。
>
> ——《周易·乾·文言》

这是后人追述伏羲画卦时仰观天文、俯察地理、综观万象而悟出的道理（图36）。

取象原则	取象材料	名与卦符及隶属度	取象	人类生活环境系统		圈层结构
以天地为准	仰则观象于天	乾 ☰ 111	天		日月星辰	宇宙圈（天象）
本乎天者亲上		巽 ☴ 110	风		风云电雷	大气圈（气象）
	观鸟兽之文与地之宜	离 ☲ 101	火		蒸腾雨雪	生物圈（生物象）
		艮 ☶ 100	山		山塬丘梁	人类圈（社会象）
本乎地者亲下	近取诸身	兑 ☱ 011	泽		江河湖海	水圈（水象）
	远取诸物	坎 ☵ 010	水		地下水	岩石圈（地象）
		震 ☳ 001	地震		地壳	
各从其类也	俯则观法于地	坤 ☷ 000	地		地幔地核	

图36 八卦的纵向式——对人类生活环境系统的模拟

以"—"为1，"——"为0，则可得出各卦对天地的隶属程度，以及"本乎天者亲上，本乎地者亲下"这种规律。

（此图转引自商宏宽著，《周易自然观》（32～35页），山西科学技术出版社，2008）

其一，**以自然万象为观察起点**。仰观天文，观日月星辰，称之为"天象"，观风雨雷电称之为"气象"；俯察地理，观江河湖海称之为"水象"；观山塬丘梁称之为"地象"；观鸟兽之文与地之宜，谓之"生物象"；观察人类生产、生活以及礼仪制度称之为"社会象"；近取诸身，观人的五脏六腑、四肢百骸为"生理象"。这些都是伏羲观察的内容、画卦的素材。

其二，**自然万象是一个有联系的整体**。大环境控制着小环境，万物都生活于天地之间，都受昼夜、四季的影响，日晒、雨淋、寒暑，万物有个适宜过程，自然界是一个相互关联、相互影响的整体。

其三，**八卦取象的原则是以天地为准**。伏羲画卦时，把天想象得无限之高远，把地也想象得无限的深邃，这是一个两端都无限延伸的纵向剖面。其原

则是"本乎天者亲上"，越接近天的现象，阳爻越多；"本乎地者亲下"，越接近地者阴爻越多。这样就形成了一个以阴阳隶属度为准，从下到上的自然状态分类图。而这个自然状态分类，恰恰是人类生活环境所不可或缺的重要影响因素，乾（☰）象征天，为纯阳；巽（☴）象征风；离（☲）象征火，性炎上，有蒸腾之意；艮（☶）象征山，是地形之高者；兑（☱）象征沼泽，是地形之低者；坎（☵）象征江河湖海，乃至地下之水，是更低洼更深的地方，有润下之意；震（☳）象征地震，一般地震震源多在15～30公里深处，深源地震可深达300多公里；坤（☷）象征深邃的大地，为纯阴。

4.八卦取象之二——立方式，对正立方体的模拟

易学思维，既有抽象的逻辑思维，又有直观的形象思维。远古之人已经有天圆地方的理念，祭祀天神以璧，祭祀地祇以琮。

> 以玉作六器，以礼天地四方：以苍璧礼天，以黄琮礼地，以青
> 圭礼东方，以赤璋礼南方，以白琥礼西方，以玄璜礼北方。
>
> ——《周礼·春官》

最早的石琮大约出现在距今7000年以前，之后又有黄色的玉琮。琮一般是正方体。这种立方体有上下、前后、左右六个面，八个角。对这个立方体进行直接观察，有看得见的面和看不见的面。看得见的面为阳，以"—"表示。看不见的面为阴，以"——"表示。并且规定上下面为上爻，前后面为中爻，左右面为下爻，这样就可以画出一个八卦图。实际上，八卦所表现的就是三维立体图形，就是将直观形象思维，转化为抽象的逻辑思维的过程（图37）。而且这样绘出的八卦，对顶角完全是阴阳对待的错卦，是相反相成、阴阳平衡状态。

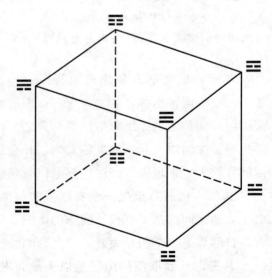

图37 八卦的立方式——对立方体的模拟

5.八卦取象之三——归藏式，生命生长过程模拟

《气坟·归藏易》有："天气归，地气藏，木气生，风气动，火气长，水气育，山气止，金气杀。"体现了八卦对庄稼生长过程的模拟既有季节、气候环境、作物发育阶段与人们的农业活动，又体现出密不可分的关系。这种模拟在《周易·说卦传》里也有反映。

雷以动之，风以散之，雨以润之，日以烜之，艮以止之，兑以说之，乾以君之，坤以藏之。

雷以动之，是指春雷响震，地气上升，万物萌动；风以散之，是指稻麦五谷花开，风吹粉散以受精；雨以润之，是指雨水滋润胚胎发育长大；日以烜之，是指种子灌浆饱满而成熟所需温热条件；艮以止之，是说种子成熟停止生长；兑以说之，"说"为"悦"，为丰收的喜悦；乾以君之，是说万物生长，全靠天气有规律变动；坤以藏之，是说万物凋落，种子却复归于地待来年时机成熟，可再萌生。这是农作物生育发展的整个过程，是生命科学的早期总结（图38）。

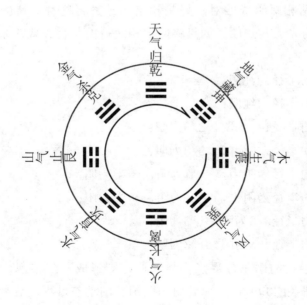

图38 八卦的归藏式——农作物生长过程模拟

6.八卦取象之四——先天式，太极对称结构

　　天地定位，山泽通气，雷风相薄，水火不相射。

——《周易·说卦传》

　　这里讲的是八卦中两两相反相成的对待关系，阴阳相错关系。"天地定位"，是纯阳的乾（☰），象征着天，纯阴的坤（☷），象征着地的对应。"山泽通气"是上一阳爻，下两阴爻的艮（☶），象征着正地形之高山，和上一阴爻、下两阳爻的兑（☱），象征着负地形之沼泽相对应。"雷风相薄，""薄"通"搏"，是上两阳爻、下一阴爻的巽（☴），象征着风，和上两阴爻、下一阳爻的震（☳），象征着雷电相对，是一种阴阳相搏的风雨雷电交加的场面。"水火不相射"，水火相对立不能相容的状况，是两阴爻夹一阳爻的坎（☵），象征着水，和两阳爻夹一阴爻的离（☲）象征着火相对应。

　　乾（天）☰　　　艮（山）☶　　　震（雷电）☳　　　坎（水）☵

　　坤（地）☷　　　兑（泽）☱　　　巽（风）☴　　　离（火）☲

　　这八卦两两相对组成四对正好是相错之卦，将这种对待的关系表示在图上，就是常见的先天八卦图。如果将四组相对待的卦相连成"米"字形交叉，以半径为单位，则：

　　乾所对应的半径为纯阳；

　　坤所对应的半径为纯阴；

　　巽所对应的半径1/3为阴，2/3为阳；

　　震所对应的半径1/3为阳，2/3为阴；

　　坎所对应的半径为阳中，一半为阳，一半为阴；

　　离所对应的半径为阴中，一半为阴，一半为阳；

　　艮所对应的半径2/3为阴，1/3为阳；

　　兑所对应的半径2/3为阳，1/3为阴。

　　将以上各半径的阴阳分界点顺势联通，则形成阴阳相抱，相反相成，相互对待的太极图（图39），从而看出阴阳消长的动态过程。这种阴阳相抱，同处于一个系统之内，阳消而阴长，阴消而阳长，循环不已；阴中有阳，阳中有阴，谁也离不开谁，失去了对方，自己也没有了存在的根据，整个系统就失去

了平衡。这种结构就是太极对称结构，这才是真正的动态平衡结构。这是我国古人对事物中相反相成、相互对待转化和辩证思维的典型图像表达模式，具有科学性，也具有典型的代表性。一些人认为太极图是宋代人才绘出来的，不是《易经》所表现的内容，这种认识是不正确的。古人制陶发明转盘塑型，古人纺线使用纺轮（图22），古人观天象以北极星为太一点，这些都有对旋转的认识，以及对旋转轴周边

图39 八卦的先天式及其太极对称结构

流塑体的流变形状的认识。在出土的纺轮中就有太极形状的图案，在前述"镂空象牙梳"中就有近似太极图的图案（图18）。有八卦的先天式图形，有对旋转物体的实践，有纺轮的图案，有象牙梳太极图的过渡，可知殷周之际有太极图是顺理成章的事情。

7.八卦取象之五——后天式，四时八节与八方

> 帝出乎震，齐乎巽，相见乎离，致役乎坤，说言乎兑，战乎乾，劳乎坎，成言乎艮。
>
> ——《周易·说卦传》

这是《说卦传》对前人关于后天八卦的追述。此种八卦更侧重对太阳的方位及其对气候及万物生长的影响。以此为主线，又进一步作了说明。

> 万物出乎震，震，东方也。齐乎巽，巽，东南也；齐也者，言万物之洁齐也。离也者，明也，万物皆相见，南方之卦也。圣人南面听天下，向明而治，盖取诸此也。坤也者，地也，万物皆致养焉，故曰：致役乎坤。兑，正秋也，万物之所说也，故曰：说言乎

173

兑。战乎乾，乾，西北之卦也，言阴阳相薄也。坎者，水也，正北方之卦也，劳卦也，万物之所归也，故曰：劳乎坎。艮，东北之卦也，万物之所成终而所成始也，故曰：成言乎艮。

——《周易·说卦传》

"帝出乎震"，"帝"指天帝，也是指太阳，是说天地生万物于震，所以有"万物出乎震，震，东方也"。然者，又有一年中的四十五日为正春季节，万物生发之象，故震，既代表一日之晨，东方，又代表一年之春季。"齐乎巽"，是说在"巽"这个季节之中，万物都长齐了，相当于春末夏初。以一天说，日走东南，万物齐沐阳光，故有"齐乎巽"之说。"巽"，东南也；齐也者，言万物之洁齐也；"洁"为修整。"相见乎离"，是说盛夏之时，阳光明媚，普照大地，万物蓬勃向上，都相见也。从一天而论，日当正午。故有"离也者，明也，万物皆相见，南方之卦也"。帝王面南向明而听政，也是以离象征明、为南而取其意。"致役乎坤"，坤者，地也，万物皆受地之滋养。此时正当夏末秋初，植物的果实储浆正盛，致养之关键时期。从一天而论，日至西南矣。"说言乎兑"，其意为秋天庄稼成熟了，人们的喜悦心情。以一天论，日至西方。故有"兑，正秋也。万物之所说（悦）也，故曰：说（悦）言（焉）乎兑"。"战乎乾"，是说正处秋末冬初时节，阳衰而阴盛，阴阳二气正相搏斗。以一天而言，日落西山，昼夜交替之时为西北。故有"战乎乾，乾，西北之卦也，言阴阳相薄（搏）也"。"劳乎坎"，是说此时正当隆冬季节，万物皆已疲惫，该休养生息了。一切东西也该储藏起来，以备严冬。就一天来说，时当深夜，人们睡眠休息，为北方之卦。故有："坎者，水也。正北方之卦也，劳卦也，万物之所归也，故曰，劳乎坎。""成言乎艮"，是说这时正当冬末春初，恰逢万物成其终，万物成始之时。万物看似凋零，而其内里已在萌动复苏。就一天而论，相当于一天的黎明时期，相当于东北方之卦。故有"艮，东北之卦也，万物之所成终而所成始也。故曰：成言（焉）乎艮"。

将上述八卦所象征的四季、八方绘于图上则得后天八卦（图40）。此图将一天的日升→日中→日落→深夜，一年的四季八节的时间顺序，东西南北的空间方位画出来了，甚至隐含着五行相生思想的萌芽。也是将古代人们的天文律历、节气物候、四季、八方、阴阳、五行等知识熔于一炉的总汇，能指导人们的应用与实践。

174

图40 八卦的后天式及其四时八节八方模式

8.八卦取象之六——家族氏

　　乾，天也，故称乎父。坤，地也，故称乎母。震一索而得男，故谓之长男。巽一索而得女，故谓之长女。坎再索而得男，故谓之中男。离再索而得女，故谓之中女。艮三索而得男，故谓之少男。兑三索而得女，故谓之少女。

——《周易·说卦传》

　　乾象天，象父；坤象地，象母，这是比较古老的比喻，与传说中伏羲女娲为人类初祖、女娲造人的神话都有联系。而《说卦传》这种八卦之象，是在伏羲婚姻制度改革之后的一夫一妻制。这种关于婚姻、家庭的比喻之中，其中隐含着某些遗传学的萌芽，值得重视。子女之中都有父母的某些基因，男长得像母，女长得像父（阳卦多阴爻，阴卦多阳爻），将这种家族式取象绘于图41。

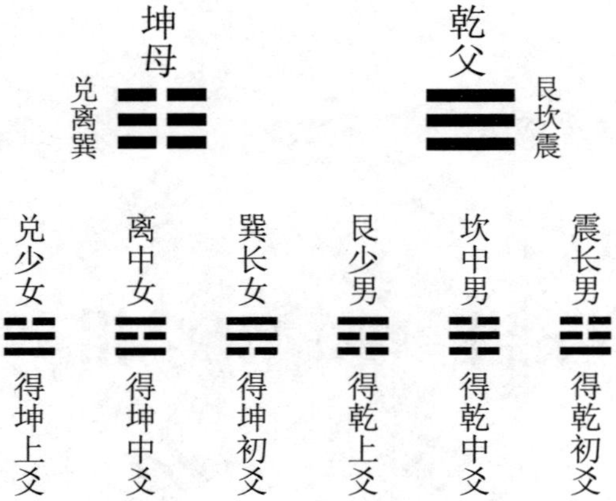

坤母

兑离巽

乾父

艮坎震

兑少女	离中女	巽长女	艮少男	坎中男	震长男
得坤上爻	得坤中爻	得坤初爻	得乾上爻	得乾中爻	得乾初爻

图41 八卦的家族氏模式

　　殷周时期对八卦取象的探讨很多，这里仅举些比较有影响的例子，同时在《说卦传》中也有记载的。八卦取象既说明了当时人们以卦喻物的习惯，也说明了人们的认知理念和水平。八卦取象是易学的基础，六十四别卦都是在这个基础上发展起来的。

　　八卦取象所涉及的领域很多，这里涉及对人类生活环境，以及这种环境的分层有序性的认识；对三维空间的认识及其表达方式的探索；对生命生长模式的认识；对事物对待关系与太极对称结构的表达；对时空坐标的表达以及易历规律的认识与应用；对家族血缘关系传承的认识；对各种动物、植物、器物的性质与差异的认识以及对这些事物适宜的环境条件的认识等，并且对这些认知领域的成果，都试图以象、数、图式方式表现出来，这是多么难能可贵啊！

　　实际上这种用图像表达的传统，比文字表达发轫更早。在没有文字之前，就已经以各种图形表达复杂的含义，并有可观的成就。只是文字出现之后，这种用图形表现的能力，有所退化而已。一些易学研究者往往忽视对易图的研究，认为易图是后世学者无端编造出来的，这是不了解人类文明发展过程所造成的一种误解。近年来对外交流易学文化，易图的作用更是不能取代的。

二、别卦序列简述

八卦一般称之为八经卦，这是卦爻符号系统的基础。理论上说八卦的排列组合方式可以有5040种。上节提出的六种取象方式是殷周时期可能存在，在《说卦传》中有所追述和总结的，并且对当时和以后别卦序列有较大影响者，这是研究别卦序列的基础知识。应该说每一种经卦排列方式都可以有无穷多种别卦组合，更不用说5040种经卦排列可产生的别卦组合了。正因如此，本节不是具体研究"易结构"的专门课题，只是简单介绍殷周《易经》形成时期别卦序列的发展状况及其对后发展的影响。

1.连体卦序的重卦组合

这里所说的重卦组合，并非指上下卦的重叠，而是指以一定排列顺序的八经卦为行集，为经；以另一定排列顺序的八经卦为列集，为纬，经纬交织而成的行列矩阵，形成连体卦序的重卦组合体系。例如前述《山坟·连山易》以崇山君、伏山臣、列山民、兼山物、潜山阴、连山阳、藏山兵、叠山象互为经纬而形成的连体卦序重卦组合体系，见图25。

1973年在长沙马王堆三号汉墓出土的帛书《易经》序列，与现行本《易经》序列不同，并且还有另外一些关于《易经》的解释文章，如《二三子》《易之义》《要》《缪和》《昭力》等，可能是《易经》另外一个传本。这里不做深入讨论，只介绍其卦序体系。其行集系列为乾、艮、坎、震、坤、兑、离、巽八经卦，是父率三子（从少、中、长序）母率三女（从少、中、长序）组成大太极模式，成为帛书《易经》的基序；其列集系列为乾、坤、艮、兑、坎、离、震、巽八经卦组成，是父母率六子女（从少、中、长序）构成小太极模式，从而以行为经，以列为纬织成一个连体卦序的重卦组合（见图42）。

2.综错卦序的对偶组合

前面已经介绍了综卦与错卦，说明六十四卦都是成对出现的，所谓错综其数，则各卦之间非复（综）即变（错）。我们将六十四卦"以综为主，插错以分段，故可称之为以复列卦，以变辅之"[1]而成图43对偶组合。

---

[1]商桂，《易索》（167页），地震出版社，1999.

乾	艮	坎	震	坤	兑	离	巽
否	大畜	需	大壮	泰	夬	大有	小畜
遁	剥	比	豫	谦	萃	晋	观
履	损	蹇	小过	临	咸	旅	渐
讼	蒙	节	归妹	师	困	睽	中孚
同人	贲	既济	解	明夷	革	未济	涣
无妄	颐	屯	丰	复	随	噬嗑	家人
姤	蛊	井	恒	升	大过	鼎	益

图42 帛书《易经》的连体卦序的重卦组合

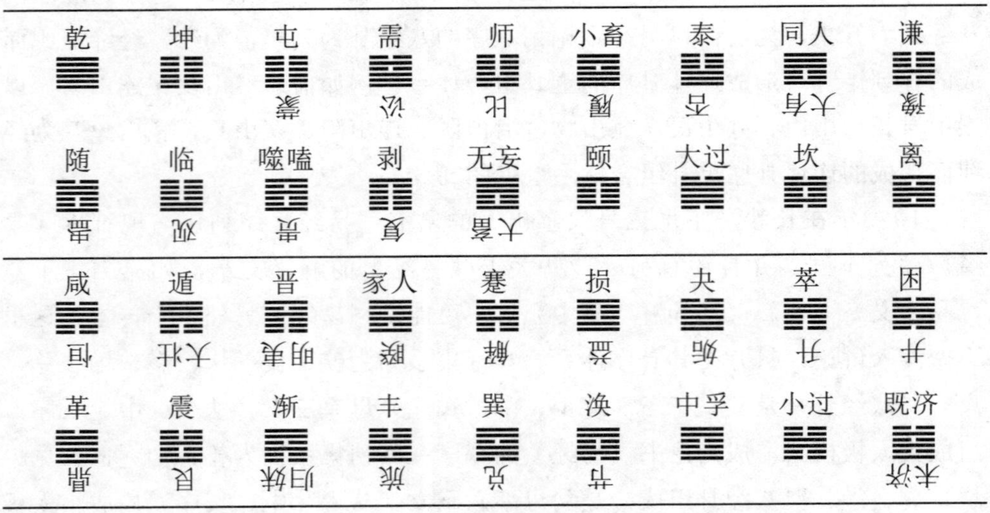

图43 通行本《易经》综错卦序对偶组合图

从图中分析，由乾坤到坎离共有三十卦，正是通行本《易经》上卷各卦之顺序；由咸恒到既济未济，共三十四卦，正是下卷各卦之顺序，而《序卦传》就是本着综错关系排列的，而且两两相综与相错的卦义，既有相反相成的对待性质，又有相互校正补充的联系[1]，更体现卦的拟象的作用，更具有象易的特点。

①商宏宽，《周易自然观》（56页），山西科学技术出版社，2008.

3.阴阳隶属度卦序的能级组合

六十四卦之中，六爻皆阳的只有一卦，六爻皆阴的也只有一卦，五阳爻一阴爻者有六卦，五阴爻一阳爻者亦有六卦，四阳爻二阴爻者有十五卦，四阴爻二阳爻者亦有十五卦，三阳爻三阴爻者有二十卦，共计六十四卦（图44）。

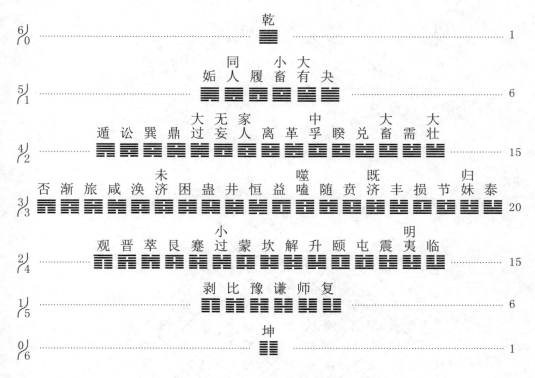

图44 六十四卦阴阳爻比例分配图

一卦的阴阳爻的多少及其排列与卦的性质有密切关系，同时对其活动性、能量有重要作用，所以按其能级排列成序就成为卦序的重要组合方式。根据阴爻用"0"阳爻用"1"表示，而形成"二进制"数码系列，并将二进制码，转换成"十进制"作为卦的序号。如果以八经卦按能级排列作为行集与列集进行组合，则形成标准的能级组合。

关于能级，前已述及，坤为三阴，能级为"000"，震的能级为"001"，坎的能级为"010"，兑的能级为"011"，艮的能级为"100"，离的能级为"101"，巽的能级为"110"，乾为三阳，能级为"111"。组成的六爻

卦则为坤（000000）其卦序号为"0"，复（000001）其卦序号为"1"，师
（000010）其卦序号为"2"，临（000011）其卦序号为"3"，如此类推，乾
（111111）其卦序号为"63"。将其绘于图45。

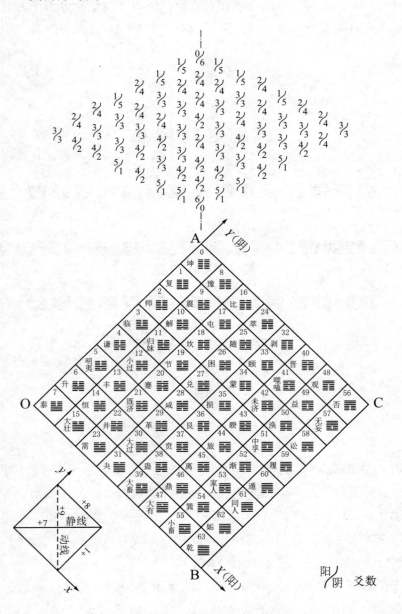

图45 阴阳隶属度卦序的能级组合图

从图可知，沿水平线（平行OC的各条线）卦序号的公差为7；沿垂直的线（平行AB的各条线）卦序号的公差为9；沿AC平行的各条线卦序号的公差为8；沿AO平行的各条线卦序号公差1。如果1与6共位（1+5），那么卦序号的公差恰为6（1），8，9，7，与揲筮结果相符，为老阴、少阴、老阳、少阳之数。

从阴阳的比例关系看："$\frac{阳}{阴}$"，可见方阵的AB轴为阴阳爻数变化较大的方向，称之为动轴线；OC轴为阴阳爻变化较小的方向，称之为静轴线。OY方向为阴爻递减方向，OX方向为阳爻递增方向。而方阵外围的二十八个卦，以坤卦为纯阴，相当于冬至点；以乾卦为纯阳，相当于夏至点；以泰卦为阴阳分点，相当于春分点；以否卦为阳阴之分点，相当于秋分点。而二十八个卦则相当于二十八星宿。

4.爻变卦序的数理组合

在商易《归藏》中，曾特别强调关于初经的记载，但由于整个卦序遗佚，不得分析其排序组合之原理，现仅以后世（殷周的后世）的京房卦序来推论一番，以补充这种爻变卦序类型。

京房卦序不是以行集、列集交织而成，而是以八纯卦（经卦自身相重）为基础，称之为本宫卦（相当于商易《归藏》初经卦）。一世卦是在本宫卦的基础上，进行一爻变，由阳爻变为阴爻为负，由阴爻变阳爻为正。也就是$2^0=\pm1$，指卦序号为±1。二世卦是在本宫卦的基础进行一、二爻变，也就是$2^1=\pm2$；三世为一至三爻变，$2^2=\pm4$；四世为一至四爻变，$2^3=\pm8$；五世为一至五爻变，$2^4=\pm16$，以上这些数字都是卦序号的增减。五世之后就不能继续进行下去，因$2^5=\pm32$，已经达到六十四卦的一半，必然会出现重复，乃至返还本宫卦的现象，故而以$2^3=\pm8$，改为五世向四世的逆运行，这已经不能称其为六世，难正其位，已成"荡荡游魂，何处留存"了，故名之为"游魂"。再向下推尚有八别卦无处安身，为使其魂有所归，统纳之于最后，名之为"归魂"。而其卦序号分别为在游魂卦的基础上±1，±3，±5，±7（如图所示）。

5.《易经》中卦序组合的发展简述

本宫	乾 (63)	震 (9)	坎 (18)	艮 (36)	坤 (0)	巽 (54)	离 (45)	兑 (27)
一世 $2^0=\pm1$	姤 (62)(-)	豫 (8)(-1)	节 (19)(+1)	贲 (37)(+1)	复 (1)(+1)	小畜 (55)(+1)	旅 (44)(-1)	困 (26)(-1)
二世 $2^1=\pm2$	遁 (60)(-2)	解 (10)(+2)	屯 (17)(-2)	大畜 (39)(+2)	临 (3)(+2)	家人 (53)(-2)	鼎 (46)(+2)	萃 (24)(-2)
三世 $2^2=\pm4$	否 (56)(-4)	恒 (14)(+4)	既济 (21)(+4)	损 (35)(-4)	泰 (7)(+4)	益 (49)(-4)	未济 (42)(-4)	咸 (28)(+4)
四世 $2^3=\pm8$	观 (48)(-8)	升 (6)(-8)	革 (29)(+8)	睽 (43)(+8)	大壮 (15)(+8)	无妄 (57)(-8)	蒙 (34)(-8)	蹇 (20)(-8)
五世 $2^4=\pm16$	剥 (32)(-16)	井 (22)(+16)	丰 (13)(-16)	履 (59)(+16)	噬嗑 (31)(+16)	夬 (41)(-16)	涣 (50)(+16)	谦 (4)(-16)
游魂 $2^3=\pm8$	晋 (40)(+8)	大过 (30)(+8)	明夷 (5)(-8)	中孚 (51)(-8)	需 (32)(-8)	颐 (33)(-8)	讼 (58)(+8)	小过 (12)(+8)
归魂 (1,3,5,7)	大有 (47)(+7)	随 (25)(-5)	师 (2)(-3)	渐 (52)(+1)	比 (16)(-7)	蛊 (38)(+5)	同人 (61)(+3)	归妹 (11)(-1)

图46 京房的爻变卦序的数理组合图

(此图参考商桂著，《易索》（163～167页），地震出版社，1999。笔者略有增补)

最早的卦序组合，可能产生于三皇时代，前述的《山坟·连山易》就是由行集列集交织而成重卦组合。这时的卦序组合试图反映事物之间联系的广泛性和整体性，以重卦组合构造一种关系网络。而这种经纬交织的连体卦序也是应用比较广泛的组合方式，如帛书《周易》的组合方式及以阴阳隶属程度而形成的能级序列也是连体卦序的重卦组合。

以通行本《易经》的卦序组合是典型的反映卦爻综错性质的组合，侧重于反映事物的对待流行性，相反相成、相互转化、物极必反的节律性，既能较好地反映自然现象的准周期性，也能反映人文社会的辩证关系。这种以卦象综错复变为序的对偶组合，是易学辩证思维的一大进步。

以商易《归藏》为开端，后来由京房有所完善的爻变卦序的数理组合，是卦序组合的新尝试。它更重视卦爻变化所带来的卦的象、数、理的变化，从象与数的转换看出事物从量变到质变的过程，象的变化纳入数的变化的理性过程，并为将来汉易和宋易的发展开了先河。

从连体卦序→对偶卦序→爻变卦序，既有古易遗风的传承，又有易学思维的创新与发展，这种发展与社会科学的发展、社会结构复杂化的发展、人类思维活动的发展是同步的。

三、卦爻符号系统是人类智慧的结晶

其一，它是效天法地，师法自然，对自然万象感而遂通而形成的，与自然界圆融和谐的体系。卦爻符号的基础是阴阳，这是最简单、最直观、最形象、最有概括力的。这是对自然事物的直观感受，诸如对明暗、雌雄、刚柔、奇偶的直感。它来源于自然，又高于自然。这就是"易以道阴阳"，"一阴一阳之谓道"的最好注释。

其二，它是对自然界存在的阴阳组合对称，相辅相成，对待流行这种感受的客观反映。磁分南北，电有正负，物体间有吸引与排斥，一个地方受挤压，另外一个地方就会受到引张，生物分雌雄，人分男女……这就是我们生存的"一对一待"的极性世界。这个世界之所以没有表现为分裂和走向极端，就是因为对待的双方是相比而生，相济而化，相辅相成，相互转化，对待而又流行，生生不息，和谐共处。这种理念在殷周时期形成的《易经》以及其卦爻符号系统中就开始有所体现。

其三，它是对自然界万象分层有序，全体涵盖局部，局部映射全体的全息性质的客观反映。卦爻组合实际是一种状态函数，如《说卦传》所说的："君之""藏之""动之""散之""润之""烜之""止之""悦之"，就是一种状态类型，其重点不在其结构描述而在于其作用及相互关系的描述。可以理解为首脑作用的、辅助作用的、基础作用的、执行作用的、调节作用的、检查作用的、宣传作用的、危机处理作用的各种状态类型，可根据研究对象和范畴（这些对象及范畴可大可小），设定模型与进行分工，为一个中心目标而通力合作。

其四，上述所有规律性都能以数的形式逻辑清晰地反映出来。世间万象都可以用象数表达，阴阳既是象又是数，象可以转换为数，数可以转换为象，象数转换反映出事物的性质、作用和状态类型。从各卦的爻位变化看事物发展的阶段性，从卦与卦之间综错性质分析事物之间的联系，通过爻变预测事物可能有哪些发展趋向。这里有分析，不是割裂的分科的分析，而是整体有机的综合分析；这里有逻辑，主要不是形式逻辑，而更多的是灵活的辩证逻辑。

总之，卦象符号系统之中既有易结构之变易，又有阴阳对待流行；既反映自然秩序和象数理则，又有严谨而灵活的逻辑与方法；既是易学理念的渊薮，又是易学赖以应用发展的生长点。这里所述的卦爻符号系统虽然简略，却是两汉象数易学、两宋易图学派、易数学派发展的基础。卦爻符号系统是中国传统文化的瑰宝。正如符号学家皮埃尔·古罗的评价："（世界）最完善而且在结构上最有逻辑和最抽象的一个系统，是中国人的《易经》。"①

---

①阎韬，周易符号系统的特点，《国际易学研究》第八辑（297～308页），华夏出版社，1998.

参考文献

[1]高亨.周易大传今注[M].济南：齐鲁书社，1979.

[2]李鼎祚.周易集解[M].北京：中华书局，1984.

[3]朱熹.周易本义[M].天津：天津市古籍书店，1988.

[4]黄寿祺，张善文.周易研究论文集：第一～四辑[C].北京：北京师范大学出版社，1987.

[5]徐道一.周易科学观[M].北京：地震出版社，1992.

[6]李学勤.中国古代文明与国家形成研究[M].昆明：云南人民出版社，1997.

[7]米歇尔·沃尔德罗普.复杂——诞生于秩序与混沌边缘的科学[M].陈玲，译.北京：生活·读书·新知三联书店，1997.

[8]王兴业.三坟易探微[M].青岛：青岛出版社，1999.

[9]F.卡普拉物理学之"道"[M].朱润生，译.北京：北京出版社，1999.

[10]商桂.易索[M].北京：地震出版社，1999.

[11]宋正海，孙关龙.中国传统文化与现代科学技术[M].杭州：浙江教育出版社，1999.

[12]中华炎黄文化研究会，河南省炎黄文化研究会，濮阳市人民政府.《中华第一龙》——1995濮阳"龙文化与中华民族"学术讨论会文集[C].郑州：中州古籍出版社，2000.

[13]许倬云.西周史[M].北京：生活·读书·新知三联书店，2001.

[14]欧文·拉兹洛.微漪之塘——宇宙进化的新图景[M].钱兆华，译.北京：社会科学文献出版社，2001.

[15]毕于吉.周礼·仪礼·礼记[M].北京：中国戏剧出版社，2002.

[16]冷鹏飞.中国古代社会商品经济形态研究[M].北京：中华书局，2002.

[17]段长山.归藏易考[M].香港：中国哲学文化出版社，2002.

[18]田合禄，田蔚.中医运气学解秘[M].太原：山西科学技术出版社，2002.

[19]李树菁著，商宏宽整理.周易象数通论——从科学角度的开拓[M].北京：光明日报出版社，2004.

[20]田合禄，田峰.周易真原——中国最古老的天学科学体系[M].太原：山西科学技术出版社，2004.

[21]李申.易学经传译注[M].长沙：湖南教育出版社，2004.

[22]朱伯崑.易学哲学史：第一卷[M].北京：昆仑出版社，2005.

[23]王大庆.本与末——古代中国与古代希腊经济思想比较研究[M].北京：商务印书馆，2006.

[24]陆思贤，李迪.天文考古通论[M].上海：上海古籍出版社，2006.

[25]刘长林.中国象科学观——易道与兵、医（上、下）[M].北京：社会科学文献出版社，2007.

[26]商宏宽.周易自然观[M].太原：山西科学技术出版社，2008.

[27]赵世勋，陈光柱.归钰[M].北京：线装书局，2008.

[28]徐海亮，轩辕彦.走近黄河文明[M].北京：中国人文出版社，2008.

[29]尚惠民.易源探赜[M].洛阳：解放军外语音像出版社，2008.

[30]方向东.大戴礼记汇校集解[M].北京：中华书局，2008.

[31]陈来.竹帛《五行》与简帛研究[M].北京：生活·读书·新知三联书店，2009.

[32]中华炎黄文化研究会，河南省炎黄文化研究会，濮阳市人民政府.龙文化与和谐社会学术讨论会论文集[C].郑州：中州古籍出版社，2009.

[33]李峰.西周的政体——中国早期的官僚制度和国家[M].北京：生活·读书·新知三联书店，2010.

[34]李零.死生有命，富贵在天——《周易》的自然哲学[M].北京：生活·读书·新知三联书店，2013.

索　引

（按汉语拼音顺序排列）

索引作者：方琅

定价：30元

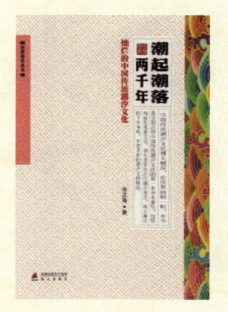

定价：25元

定价：20元

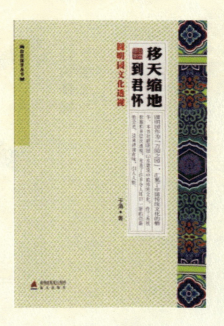

定价：30元

定价：20元

定价：25元

定价：25元

定价：25元

定价：25元

定价：36元

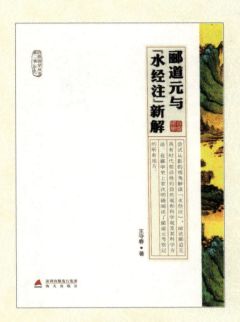

定价：32元

定价：26元

定价：28元

十七世纪的现代学者
徐霞客及其游记

系统阐述徐霞客的科学思想和科学考察方法，全面论述《徐霞客游记》的流传、价值、内容、社会地位，及其在世界内的传播和影响，介绍徐学和徐霞客研究的产生与发展。

杨文衡 ● 著

定价：26元

远古华夏族群的融合
「禹贡」新解

阐述九州地域的道路交通，说明夏禹治水形成中国地域，分析中国族群融合的历史过程，揭示中国形成的历史地理布局。

周光华 ● 著

定价：28元

中国智慧的奇葩
中医方剂

对中医方剂做内科特系来源及其入文大幅运用，非常理论的研究初探。总论，阐述方剂论的基本要义；报方配方、方法起疾，方从证出，时化生效、如客立……变通上乘功效感悟。

祝世讷 ● 著

定价：26元

定价：26元

定价：32元

定价：30元

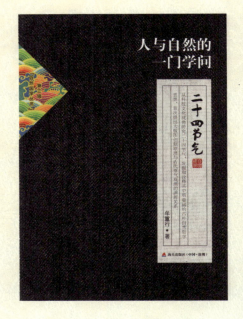

定价：28元

定价：28元

定价：26元

定价：30元

定价：26元

定价：30元

定价：32元

定价：30元

定价：32元

定价：38元

定价：39元

定价：38元

定价：38元

定价：30元

定价：30元

定价：38元

定价：30元

定价：44元